Inhalt

Lane Xang – Reich der Millionen Elefanten — Seite 7

Der Mekong – Die Mutter aller Wasser — Seite 27

Von Fa Ngum zur Pathet Lao — Seite 37

Vientiane – Kleine Hauptstadt, großer Charme — Seite 47

Der große Prabang — Seite 59

Phi Mai – Das laotische Neujahrsfest — Seite 79

Die Befruchtung des Himmels — Seite 87

Die Legende vom Reiskorn — Seite 94

Das Leben der Akha — Seite 97

Südlaos – Buddhaverehrung im Tempel Shivas — Seite 111

Danksagung — Seite 125

Lane Xang – Reich der Millionen Elefanten

Ein mystischer Titel für ein Land abseits des großen Weltgeschehens und die wunderbare Umschreibung einer vergangenen Zeit. Heute sind die Elefanten fast verschwunden, unzählige Trucks haben viele der zähen Arbeitstiere abgelöst. Zudem könnte man Laos heute, wie die meisten Länder Südostasiens, eher das Land der Millionen Mofas nennen, schließlich hört man noch aus dem dichtesten Dschungel die Motoren knattern. So exotisch der Titel das Land beschreibt, so unterschiedlich ist vor Ort die Wahrnehmung des heutigen Lebens.

Laos, eingeengt zwischen Thailand im Süden und Osten und Vietnam im Westen, ist geprägt durch ein zerklüftetes Bergland mit zahlreichen, teils weit abgelegenen Tälern und einem auch bis heute an manchen Stellen undurchdringbaren Dschungel. Im Norden erstrecken sich die Berge bis ins südchinesische Yunnan und – im ehemals berüchtigten Goldenen Dreieck, einem derzeitigen Touristenmagneten – bis hinüber nach Myanmar. Im Südosten des Landes liegt Kambodscha mit dem weltberühmten Angkor Wat. Die charmante Hauptstadt Vientiane befindet sich im Zentrum von Laos, am Ufer des Mekong. Hier bildet die Freundschaftsbrücke, lange Zeit die einzige am Unterlauf des Flusses, noch immer das Tor nach Laos. Zwei weitere Brücken entstanden inzwischen im Süden, wo die Städte Pakxe und Savannakhet, vor allem durch Kaffeeanbau und Tabakverarbeitung, wirtschaftlich zu prosperieren beginnen. Wirklich einmalig in Asien ist die zum Weltkulturerbe zählende Klosterstadt Luang Prabang, bis 1975 Königssitz, im Norden des Landes. Das Zentrum des laotischen Buddhismus begeistert mit seiner Mischung aus französischer Kolonialarchitektur, chinesischen Händlerhäusern und laotischen Teakholz- und Sakralbauten.

Links: Junge Novizen im Vat Sene, Luang Prabang

Oben: Die That Luang Stupa in Vientiane ist eines der Wahrzeichen von Laos.

Mitte: Die Klosterstadt Luang Prabang mit dem Vat Xieng Thong ist die älteste intakte Tempelstadt Südostasiens.

Zum Theravada-Buddhismus bekennen sich 60 Prozent der Laoten. Überall im Land zeugen Buddhafiguren von der tiefen Verwurzelung mit der Religion.

Die Blüte des Frangipani Baumes (Plumeria rupra) ist die Nationalblume von Laos und findet sich in jeder Klosteranlage.

Überall in Asien, also auch in Laos, sorgen die Tuktuks für einen unkomplizierten Transport.

Ein Lieblingshobby der Männer ist das Züchten von Kampfhähnen. Bereits die kleinen Jungs, wie hier in Muang Ngoi Neua, eifern dem nach.

Links: Der dem Pariser Triumphbogen nachgeahmte Patuxai befindet sich in Vientiane.

Rechts: Luang Prabang glänzt mit seiner einmaligen Mischung aus laotischer und kolonialer Architektur.

Trotz der geringen Bevölkerungszahl von lediglich sechs Millionen Einwohnern – verschwindend gering gegenüber den Anrainerstaaten China, Vietnam, Kambodscha und Thailand – besitzt Laos keine homogene Bevölkerungsstruktur. Auf einer Fläche, die etwas größer als die der alten Bundesländer ist, leben offiziell 47 Ethnien. Diese recht unüberschaubare Vielzahl und die schwierige Einordnung der vielen kleinen Bergvölker machen es Reisenden, die das Land für nur wenige Wochen besuchen, fast unmöglich, sich in der Vielfalt der Stammesbezeichnungen zurechtzufinden. Unterwegs in Laos entsteht schnell das Gefühl, dass hier verschiedenste Bergvölker ein Territorium bewohnen, jedoch nicht wirklich eine Nation bilden, erst recht, wenn man bedenkt, dass allein unter diesen sechs Millionen Laoten fünf Sprachfamilien gezählt werden. Es ist diese ethnische Vielfalt, die das Land für viele Reisende interessant und andersartig macht. Jedoch scheint die Regierung der Ansicht zu sein, dass diese Vielfalt der wirtschaftlichen und kulturellen Entwicklung im Wege steht. So hatte die kommunistische Staatsführung im Jahr 1975 eine nicht kritikfreie Dreiteilung vorgenommen. Je nach Höhenlage ihrer Siedlungsgebiete wurden die unter dem Oberbegriff »Lao« zusammengefassten Volksgruppen in Lao Loum (Tieflandlaoten), Lao Theung (Laoten der mittleren Gebirge) und Lao Soung (Hochlandlaoten) eingeteilt. Diese, auch auf Grund der zunehmenden Vermischung der Bevölkerung, unzureichende Einteilung wurde bereits 1981 offiziell für ungültig erklärt und in der Verfassung

Der Nam Ou ist einer der faszinierendsten Flüsse im nördlichen Laos und mündet später in den Mekong. Auf dem Weg des Nam Ou über Phongsali bis fast nach Luang Prabang, bildet er die Grundlage für ein traditionelles Leben am Fluss.

von 1991 nicht mehr verankert. Jedoch bedienen sich noch heute viele dieser im allgemeinen Sprachgebrauch fest verwachsenen Dreiteilung.

Obwohl nur 16 Prozent des Landes unterhalb von 200 Metern Höhe liegen, Laos also vorwiegend aus Bergen besteht, leben die meisten Bewohner dennoch in den niedrigen Ebenen und das mit steigender Tendenz. So wird der Lebensraum in den Flusstälern heute zunehmend enger, eine Entwicklung, die auch von der laotischen Regierung unterstützt wird. Denn viele der Bergstämme, besonders in Nordlaos, sind nach wie vor auf Brandrodungen angewiesen, um vom Ertrag der schroffen Berghänge und kargen Böden leben zu können. Durch dieses »slash and burn« entstehen immer neue, zirkulierende Anbauflächen, etwa für den wenig Ertrag bringenden Bergreis. Diese Praxis führt bis heute vor allem in den Monaten März bis Mai zu einer unglaublichen Rauchwolke über dem gesamten Bergland. Jedes Jahr verschwinden auf diese Weise weitere Teile des bergigen Dschungelwaldes und der darin lebenden, teils vom Aussterben bedrohten Arten. So versucht man, viele Bergstämme in niedrigere Regionen umzusiedeln und ihnen neue Perspektiven durch den Anbau von

Links: In Luang Prabang erzählen reichhaltige Glasmosaike im Vat Xieng Thong an der roten Kapelle Ho Phra None vom traditionellen Leben der Völker in Laos.

Rechts: Große Teile des Landes sind durch eine steile Gebirgswelt geprägt.

Für viele Laoten wird die Grundversorgung an Nahrung über die Flüsse abgedeckt. Ohne Wasser wäre aber auch kein ertragreicher Nassreisanbau möglich.

Rechts: Flüsse in Laos bedecken mehr als 6000 km² des Landes. Während der Trockenzeit werden über viele Flüsse mit Niedrigwasser einfach Bambusbrücken gebaut.

Nassreis, Zuckerrohr, Mais und anderen Agrarprodukten zu bieten. Während die Bevölkerung langsam in flachere Regionen umgesiedelt wird, vernichtet der von den Behörden gedeckte lukrative Holzeinschlag den Dschungel jedoch weiter mit immer größerer Geschwindigkeit. Einhalt gebieten dem nur zwei Dinge. Zum einen gibt es heute, durch die vielen Bomben und Minen, die in den 60er und 70er Jahren über Laos abgeworfen und im Urwald gelegt wurden, in einigen Regionen eine Art »Lebensversicherung für Dschungelwälder«, da eine Abholzung hier viel zu gefährlich wäre. Zum anderen haben sich in den letzten Jahren auch Ansätze von Ökotourismus in Laos entwickelt. Eine für die Bewohner einträgliche Branche, die vor allem mit intakten Ressourcen arbeiten muss. So bieten die Flächen der neuen Nationalparks zumindest einen kleinen Schutz gegen den Raubbau.

Laos, das einzige Binnenland Südostasiens, ist noch immer von einfachen bäuerlichen Strukturen geprägt. Der Boom der asiatischen Tigerstaaten ist an dem über Jahre verschlossenen Land vorbeigegangen. Bis heute zählt Laos deshalb, auf Grund seines niedrigen Bruttoinlandsproduktes, zu den ärmsten Ländern der Welt. Dies wird einem Land, in dem so ausgeprägte Selbstversorgerstrukturen herrschen und Geldwerte nur eine untergeordnete Rolle spielen, aber kaum gerecht. Doch vielleicht hat sich das Land gerade dadurch bis zum heutigen Tag seine Authentizität bewahrt. Während Thailand und Vietnam in rasanter Weise verwestlichen und in China ohnehin aus dem langen Marsch ein großer Sprung geworden ist, begann in Laos eine Öffnung des Landes hin zur westlichen Welt erst in den neunziger Jahren des 20. Jahrhunderts. Auch im Tourismus lässt sich dies mit einfachen Bildern beschreiben. Während Thailand stolz seine Klöster und Kulturschätze aufpoliert und die Wege für den Massentourismus geebnet hat, während in China jede kleinste Attraktion mit entsprechend passend unpassenden Souvenirständen umlagert ist, bleiben Touren nach Laos vorerst aktive Entdeckungsreisen. Nur wer wirklich das Land erkundet, wird an manchen Orten, fast versteckt, die Besonderheiten der Region entdecken und die Emotionen und Geschichten lange in sich tragen können. Auch wenn das Land keine so prachtvollen Königs-

paläste wie etwa Thailand aufweisen kann, auch wenn Laos vom Anschluss an die »moderne« Welt noch weit entfernt ist, vielleicht aber auch gerade deshalb, gilt das Land momentan als der Geheimtipp in Südostasien. Hier sind die Traditionen der Bevölkerung zum Teil wirklich noch lebendig und nicht nur bloße Folklore. Mit seinen unterschiedlichen Bevölkerungsgruppen bietet Laos wunderbare Möglichkeiten zum Kulturaustausch – für den, der bereit ist, sich auf dieses Abenteuer einzulassen.

Laos besitzt in seiner 1865 km langen Nord-Süd-Ausdehnung, von der chinesischen Grenze im Norden bis hinunter nach Kambodscha, eine erstaunliche Vielfalt. Es ist beeindruckend, wie viele unterschiedliche Landschaftsformen es von den schroffen und hohen Bergen des Nordens über die verschiedenen Hochplateaus und die Ebenen in Zentrallaos bis zu den Kaffeeplantagen im Süden des Landes bietet. Was in wirklicher Fülle vorhanden ist, sind Wälder und Wasser. Unglaublich, welche Vielzahl an Flüssen und Bächen das Land und seine Täler durchziehen, wie viele Wasserfälle die Dschungellandschaften durchschneiden. Schließlich münden nahezu alle Flussläufe hinein in den wichtigsten und mächtigsten Strom Südostasiens, den Mekong.

Der Mekong, die Mutter aller Wasser, in Luang Prabang

Überall dort, wo es einen Wasserlauf gibt, finden sich die einfachen Langboote, meist aus Holz und zum Teil auch mit Motor, die zum Fischen und zum Transport genutzt werden.

Blick über den Mekong auf die Klosterstadt Luang Prabang. Eingebettet in eine grüne Bergwelt liegt die von der UNESCO zum Weltkulturerbe erklärte Stadt.

Die Tempelstadt Luang Prabang mit ihren vielen Vats und Buddhastatuen spiegelt die starke Religiosität des Landes wider.

Die Blüten der Nationalblume (Plumeria rupra) zeigen sich besonders oft zum Ende der Trockenzeit und Beginn des Monsuns.

Der Mekong –
Die Mutter aller Wasser

Seinen Anfang nimmt der Mekong im Transhimalaja, in der von China besetzten osttibetischen Provinz Kham, der heutigen chinesischen Provinz Qinghai. Der genaue Quellpunkt des Flusses Dza chu (tibetisch) ist bislang jedoch noch nicht genau bestimmt. Durch die engen Schluchten des Himalajagebirges, auf seinem Weg hinunter fast 4000 Höhenmeter überwindend, wächst und schwillt der Strom immer weiter an, bis er schließlich im Süden Vietnams in das südchinesische Meer mündet. Mae Nam Khong, die Mutter aller Wasser, einer der zehn längsten Flüsse der Welt, trägt dabei gewaltige Mengen an Sand und Schlamm durch Südostasien. Mit seinen etwa 4200 km Flusslänge ist er nicht nur der längste Wasserlauf in Südostasien, sondern bildet gleichzeitig im Süden von Laos, kurz vor der kambodschanischen Grenze, auch den größten Wasserfall dieser Region. Hier wälzen sich die schier unendlichen Wassermassen des Khon Phapheng-Wasserfalls die nicht allzu hohen Kaskaden hinab.

In Laos wird der Mekong, vom hohen Norden der Provinz Luang Namtha bis hinunter in den Süden, durch fast alle Flüsse des Landes weiter gespeist. Er ist der Lebensstrom der gesamten Region. So bringt die jährliche Regenzeit mit ihren stark anwachsenden Wasserständen, die teils einen Anstieg von über 15 Metern bedeuten können, regelmäßig neues Schwemmland für die Reisfelder der Laoten. Die Region am Mekong ist ein sensibles Ökosystem, dessen Gleichgewicht vor allem durch die schnelle industrielle Entwicklung des großen, mächtigen Nachbarn China mehr und mehr bedroht wird. Der Energiehunger des Reiches der Mitte scheint nahezu unstillbar und lässt immer wieder neue Wasserkraftwerke und Staudämme

entstehen, welche besonders die Wasserstände im Unterlauf des Mekong verändern und dort zu wachsenden Problemen führen. Auch verschlechtert sich die Wasserqualität zunehmend durch die vielerorts ungeklärten industriellen Einleitungen – ein wirkliches Problem für die Völker in Laos, die noch eng verbunden mit und von dem Fluss leben, ihn als Wasser- und Nahrungsquelle nutzen. So stellt der Strom mit seinem Fischreichtum für viele Laoten die Versorgungsgrundlage dar. Es wird geschätzt, dass jährlich im Mekong mehr Fische gefangen werden als im gesamten Mittelmeer. Jedoch nicht ohne Folgen. Überfischung lässt auch die Mutter aller Wasser immer ärmer werden und stellt ein wachsendes Problem für das Ökosystem des Mekong dar. Sie ist Ursache für das Aussterben vieler Spezies und führt zu weiteren ökologischen Störfaktoren. So wird der größte der Mekongfische, der bis zu 300 kg schwere Mekong-Riesenwels, heute nur noch ganz selten gefangen. Mittlerweile steht dieser größte bekannte Süßwasserfisch der Erde in Laos glücklicherweise unter Artenschutz – und auch das Nachbarland Thailand wird diesem Beispiel hoffentlich bald folgen.

Wasserläufe sind die Lebensadern von Laos. Fast an jede Stelle des Landes gelangt man per Boot. Werden auf dem breiten Mekong Lasten auf großen Transportschiffen befördert, finden auf kleinen Flüssen oft nur die schmalen Langboote ihren Weg.

Der Fischreichtum der Flüsse in Laos ernährt bis heute einen Großteil der Bevölkerung. Vermehrte Verschmutzung des Wassers bereitet den Fischern aber auch hier mehr und mehr Probleme.

Während China heute mit seinem Bau- und Wirtschaftboom den Fluss und damit auch viele südostasiatische Regionen gefährdet, galt das Reich der Mitte den Franzosen zu Kolonialzeiten als so starker Partner, dass man versuchte, den Mekong von Süd nach Nord schiffbar zu machen. Aber der französische Traum blieb ein solcher, denn der Wasserfall Khon Phapheng in der südlaotischen Grenzregion verhindert seit jeher einen durchgängigen Transport auf dem Fluss. Lediglich drei Abschnitte des Mekong werden heute durch Frachtverkehr bedient. Im Süden von Khemmarat bis Si Phan Don, in Zentrallaos von der Hauptstadt Vientiane bis Savannakhet und im Norden von Houay Xai bis kurz vor Vientiane. Als durchgehende Wasserstraße für den internationalen Handelsverkehr bleibt der Mekong jedoch verschlossen. Auch wenn kleine Langboote noch in den schwierigsten Stromschnellen unterwegs sind, ist das Risiko für den Transport von Waren in behäbigen Schiffen zu hoch.

Der Mekong ist Grenzfluss zwischen Myanmar, Laos und Thailand, und hat noch heute enorme Bedeutung für den grenzübergreifenden Handel und Schmuggel. Während die Märkte in China vor allem preiswerte industrielle Güter bieten, bleiben Myanmar und Laos in erster Linie große Holzlieferanten – und inoffiziell noch immer auch bedeutende Drogenproduzenten.

Im Norden zwängen sich die Wassermassen des Stromes zum Teil durch dramatisch enge Gebirgsschluchten. Dort hat der Fluss eine deutlich höhere Fließgeschwindigkeit als etwa in Savannakhet oder Pakxe im Süden des Landes. Hier in den Südprovinzen ist der Mekong teilweise über einen Kilome-

Links: In einer fantastischen Dschungellandschaft im Westen von Luang Prabang erfrischt das klare Wasser des Tad Kuang Xi Wasserfalls.

Oben: Die Mekongfälle Khon Phapheng in Südlaos sind die mächtigsten Wasserfälle Südostasiens. 9,5 Millionen Liter Wasser pro Sekunde stürzen über die Felsen.

ter breit und fließt behäbig dahin. In einem Land, das erst nach und nach Straßen durch den unzugänglichen Urwald schlägt und alte Dschungelpisten zu asphaltieren beginnt, ist die Bedeutung der Flüsse als Verkehrsweg für kleinere Boote nicht zu unterschätzen. Viele Ortschaften sind bis heute besser auf dem Wasserweg erreichbar als mit dem Auto. Etliche der Dörfer im Dschungel besitzen keinen Anschluss an das Straßennetz und viele sind selbst mit dem Boot erst nach einem anschließenden, mehrere Stunden, teils sogar Tage dauernden, Fußmarsch zu erreichen. Während der Trockenzeit kaum per Boot befahrbar, bilden die unzähligen Wasserläufe in der Monsunzeit ein filigranes Wasserwegenetz durchs ganze Land. Dann entstehen an den Ufern der Flüsse unzählige Märkte, verlagert sich der Mittelpunkt des ländlichen Lebens an den Rand der Wasserstraßen.

Mae Nam Khong, die Mutter aller Wasser – treffender könnte die Bezeichnung der Lebensader einer ganzen Region kaum sein.

Die Sonne versinkt vor allem während der Trockenzeit oft in einem warmen Lichtglanz und vergoldet die Kulturlandschaft am Mekong.

Gegenüber der Mündung des Nam Ou in den Mekong liegen in den Felsen die Pak Ou Höhlen Tham Ting. Der Höhlentempel gilt als eine der bedeutendsten buddhistischen Kultstätten in Nordlaos. Hunderte kleinerer Buddhafiguren haben hier ihr zu Hause gefunden.

 Von Fa Ngum zur Pathet Lao

Seit jeher ist die Geschichte des einzigen Binnenlandes Südostasiens in besonderem Maße geprägt vom Druck seiner meist übermächtigen Nachbarn. Jahrhunderte lang hatte das Gebiet die Begehrlichkeiten fremder Mächte geweckt und war so immer wieder zum Schauplatz kriegerischer Auseinandersetzungen geworden.

Zunächst geriet das Gebiet des heutigen Laos im Laufe des 1. Jahrhunderts unter die Herrschaft Funans, dem ersten der von indischen Einflüssen geprägten Großreiche Südostasiens. Nach dem Niedergang Funans zur Mitte des ersten Jahrtausends bestimmten dann die Khmer-Königreiche Zhenla und, nach diesem, besonders Kambuja mit seinem Königssitz in Angkor für Jahrhunderte die Entwicklung der Region. Die mongolische Expansion, welche unter den Nachfolgern Dschingis Khans im 13. Jahrhundert auch bis weit nach Südostasien hinein reichte, führte schließlich zum Verlust der einstmals herausragenden Stellung Angkors und löste eine verstärkte Abwanderung der Thai-Völker, darunter auch der Lao, aus dem südchinesischen Raum in die Mekongregion aus.

In dieser Zeit liegen die Wurzeln des heutigen laotischen Staates. Ab 1353 gelang es dem aus dem Fürstengeschlecht von Luang Prabang stammenden Fa Ngum, die neu gegründeten laotischen Fürstentümer zu einem Königreich zu vereinen. Jenes Reich Lane Xang Hom Khao, übersetzt »Eine Million Elefanten und der weiße Schirm«, umfasste neben dem heutigen Laos auch Teile Myanmars und Thailands. Ferner machte Fa Ngum, der in seiner Jugend eine buddhistische Erziehung am Hof von Angkor genossen hatte, den Theravada-Buddhismus zur vorherrschenden Religion in der sonst eher animistisch geprägten Region. Letztlich

Im Vat Sisaket in der Hauptstadt Vientiane sind dutzende Buddhafiguren auf den Hauptschrein ausgerichtet.

endete die Regentschaft des erfolgreichen Eroberers jedoch in der Verbannung. Ounheuan, der Sohn Fa Ngums, übernahm die Herrschaft und erreichte in der Folgezeit eine Konsolidierung seines Erbes. Doch brachten die nächsten Jahrhunderte für Lane Xang die Verwicklung in immer neue Fehden mit den Nachbarreichen. So musste etwa im 16. Jahrhundert, während der langen Auseinandersetzungen mit Birma, die Hauptstadt nach Vientiane verlegt werden. Unter König Sourigna Vongsa erlebte Lane Xang im 17. Jahrhundert schließlich seine wirtschaftliche und kulturelle Blütezeit. Aber schon bald nach dem Tod Sourigna Vongsas führten Thronstreitigkeiten unter seinen Erben zum Zerfall des Reiches. Es entstanden die rivalisierenden Herrschaftsgebiete von Luang Prabang, Vientiane und Champasak, welche jedoch allein, wie sich bald zeigen sollte, nicht mehr in der Lage waren, sich gegen die überlegenen Nachbarn Siam und Birma zu behaupten. Nacheinander fielen sie unter siamesische Herrschaft, 1778 eroberten die Truppen Siams Vientiane und 1827 wurde das Land, bei dem Versuch seine Unabhängigkeit wiederzugewinnen, ein weiteres Mal verwüstet.

In der zweiten Hälfte des 19. Jahrhunderts gelangte dann Frankreich zu immer größerem Einfluss in der Region. 1893 zwang es Siam, auf die östlich des Mekong gelegenen laotischen Gebiete zu verzichten und machte 1904 schließlich ganz Laos zu einem französischen Protektorat, ohne dass sich der Status eines Kolonialgebietes für Laos mit erwähnenswerten ökonomischen Fortschritten verbunden hätte. Während des Zweiten Weltkrieges geriet das Land unter thailändische und japanische Besatzungsherrschaft, auch blieben die französischen Truppen des Vichy-Regimes in Laos. Nach Kriegsende sicherte sich Frankreich erneut die Kontrolle über Indochina und 1949 wurde Laos zu einem unabhängigen Staat innerhalb der Union Française. Gegen diese nur formale Unabhängigkeit wandte sich daraufhin die aus dem Kampf gegen das japanische Besatzungsregime hervorgegangene kommunistische Organisation des Pathet Lao (»Land Laos«). Diese konnte 1953, gemeinsam mit den in Vietnam gegen die Franzosen kämpfenden Viet Minh, große Teile des laotischen Staatsgebietes erobern. Nachdem Frankreich, auf Grund der

Szenen aus der buddhistischen Welt werden oft auch in Wandreliefen und –fresken der Klöster dargestellt.

Spuren des geheimen Krieges, der in Laos tiefe Wunden gerissen hat, sind heute eingebettet im laotischen Alltag. Nach wie vor fordern unzählige nicht explodierte Minen Opfer, oft auch unter Kindern, die die Streubomben und Minen mit Spielzeug verwechseln. Auch bei der Feldarbeit kommt es immer wieder zu tragischen Unglücken.

verheerenden Niederlage seiner Streitkräfte in der Schlacht bei Dien Bien Phu, den ersten Indochinakrieg verloren geben und auf alle Ansprüche in der Region verzichten musste, gewann schließlich auch Laos im Jahre 1954 seine vollständige Souveränität.

Schon vier Jahre später setzte die kommunistische Pathet Lao, nun unterstützt von der Sowjetunion, den bewaffneten Konflikt jedoch fort und bekämpfte in einem bis zur Mitte der 70er Jahre dauernden Bürgerkrieg die meist rechtsgerichteten, von den USA protegierten Regierungen in Vientiane. An jener Auseinandersetzung nahmen auf Regierungsseite unter anderem auch von den USA finanzierte und ausgebildete Einheiten der Hmong-Minderheit teil, einer Volksgruppe, die zum Teil noch heute in den unzugänglichen Gebirgswäldern eine Art Guerillakrieg gegen die laotische Regierung führt. Schließlich wurde Laos, obwohl es während des Vietnamkrieges offiziell als neutral galt, doch seit Mitte der 60er Jahre massiv in diesen involviert. Denn auf die Verlegung der Nachschubwege der kommunistischen nordvietnamesischen Truppen in die neutralen Nachbarländer Laos und Kambod-

Eine unfassbare Menge an Bomben und Minen wurde über Laos abgeworfen. Bis heute sind große Teile des Landes vermint. Inzwischen versuchen verschiedene Organisationen die Bevölkerung über die Gefahren und den Umgang mit entdeckter Munition aufzuklären und die Landstriche nach und nach zu entminen. Auf Grund der Masse der todbringenden Sprengkörper wird Laos aber bis in weite Zukunft nicht minenfrei sein.

An vielen Orten und vielen Gebäuden finden sich liebevoll geschmückte Geisterhäuschen.

scha reagierte die US-Air Force mit einem Flächenbombardement bisher ungekannten Ausmaßes. So wurden über Laos während dieser Zeit mehr Bomben abgeworfen als während des gesamten Zweiten Weltkrieges über Deutschland und Japan. Und 1971 versuchte die südvietnamesische Armee gar mit einem Einmarsch in Laos das verschlungene Straßennetz des Ho-Chi-Minh-Pfades zu unterbrechen, erlitt jedoch eine empfindliche Niederlage.

Nach den kommunistischen Erfolgen in Vietnam und Kambodscha gelang es 1975 auch der Pathet Lao endgültig die Oberhand in Laos zu gewinnen. Zur allein bestimmenden Kraft im Land wurde die Laotische Revolutionäre Volkspartei, in welcher die Pathet Lao nun aufging. Wie in Kambodscha verschwanden Andersdenkende vielfach in Umerziehungslagern, ein Schreckensregime wie das der Roten Khmer errichtete man indes nicht. Jedoch wurde nach Abschaffung der Monarchie auch die gesamte Königsfamilie in solchen Lagern inhaftiert – bis heute ist ihr Verbleib ungeklärt. Mit der Proklamation der Demokratischen Volksrepublik Laos am 2. Dezember 1975 begann schließlich eine friedliche Periode der laotischen Geschichte. Von einem stabilen politischen System blieb das stark von Vietnam beeinflusste Laos die folgenden Jahre indes noch weit entfernt, wirtschaftliche Not und politische Repressionen führten zur Emigration von etwa 10 Prozent der Bevölkerung und noch bis 1990 waren vietnamesische Truppen zur Sicherung der kommunistischen Herrschaft im Land stationiert. Ab Mitte der 80er Jahre setzte jedoch eine allmähliche Reformpolitik mit einer Öffnung des Landes und der Hinwendung zur Marktwirtschaft ein. Seit 1991 besitzt Laos eine erste Verfassung und ist seit 1997 auch Mitglied der ASEAN. Laos ist der Verbindungspunkt der Mekong-Ganges-Kooperation: Indien, Kambodscha, Myanmar, Thailand und Vietnam wollen kulturell, aber auch wirtschaftlich zusammenrücken. Außerdem stehen eine Nord-Süd-Trasse und ein Ost-West-Korridor für den Transit-Güterverkehr aus. Für Laos rückt dadurch ein Wasserzugang in Vietnam näher. So befindet sich das Land seit Jahren in einem Transformationsprozess, viele notwendige Reformschritte, wie die Duldung von Pressefreiheit und Parteienpluralismus, fehlen allerdings nach wie vor.

Das krönende Ornament (ngot so fa), auf dem Dachfirst der laotischen Sakralbauten zeigt symbolisch den heiligen Berg Meru und charakterisiert die Bedeutung des Heiligtums über die Anzahl der Spitzen.

Die Gegend um Phonsavan beherbergt eine der großen Besonderheiten des Landes. Hier liegt die Ebene der Tonkrüge (Plaine des Jarres). Auf den megalithischen Stätten in der Ebene liegen hunderte überdimensionale Steinkrüge verteilt.

Bis heute rätseln die Wissenschaftler über das Alter, die Nutzung und die Herkunft der in Südostasien einmaligen Steingefäße.

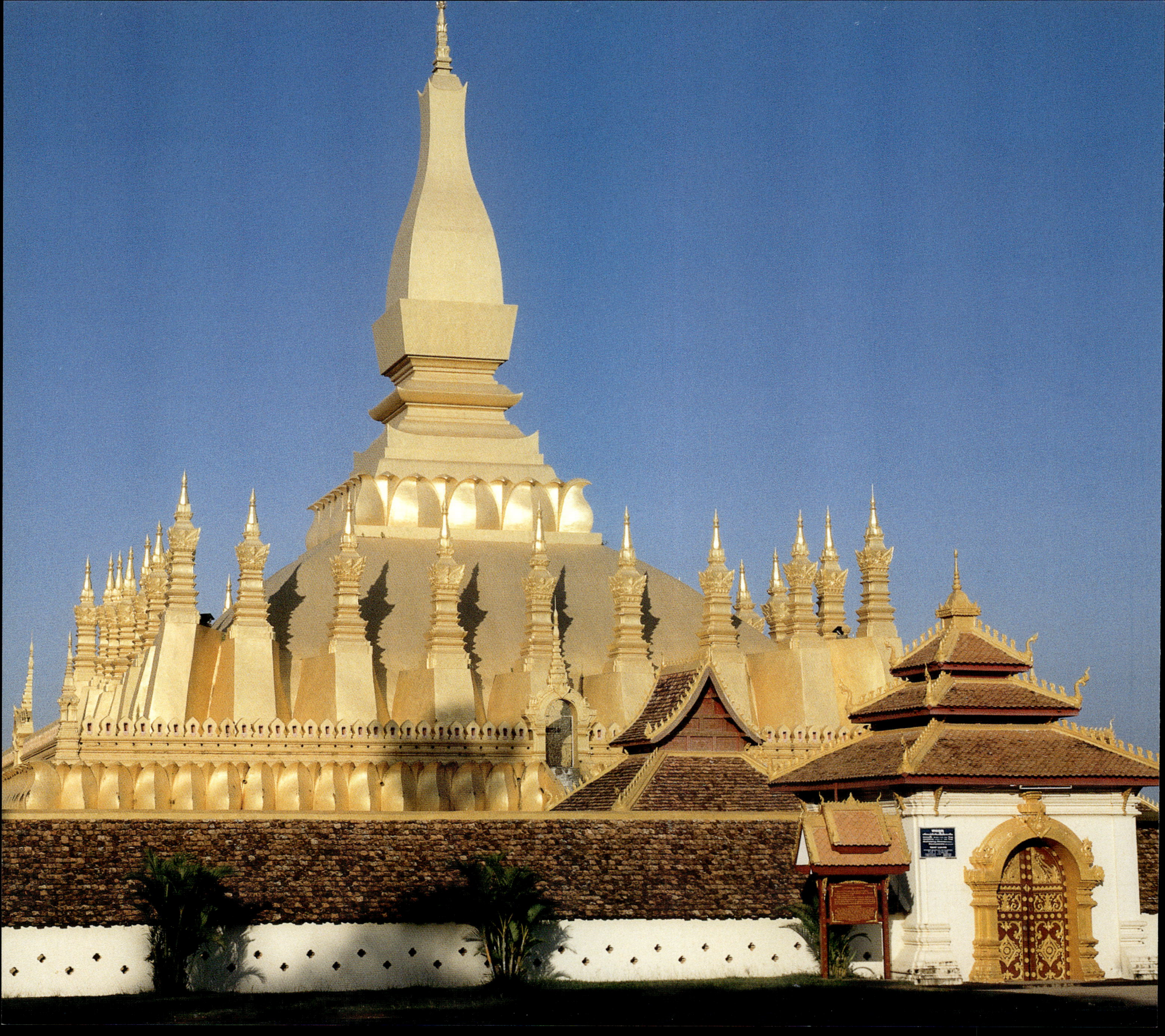

ວງ Vientiane – Kleine Hauptstadt, großer Charme

Drückende Hitze lastet auf der Stadt. Während das Leben in den Straßen seinen gewohnten Gang geht, herrscht im Innenhof des Vat Sisaket stets eine bedächtige Ruhe. Das älteste Kloster der laotischen Hauptstadt liegt heute ein wenig unbeachtet hinter weiß getünchten Mauern. Die Anlage im Herzen der Stadt nahe dem damaligen Königspalast hatte einst Anouvong, der letzte König Vientianes, in Auftrag gegeben. Von 1819 bis 1824 errichtet, blieb das Kloster zehn Jahre später beim Überfall der siamesischen Armee als einziges verschont, während alle anderen Sakralbauten Vientianes der Zerstörung zum Opfer fielen. Stark von den thailändischen Klosterbauten des 18. Jahrhunderts beeinflusst, findet man auch im Vat Sisaket eine Art Wandelgang, welcher Platz für etwa 300 Buddhafiguren bietet, die man nach der Zerstörung anderer Klöster hier zusammengetragen hatte. Beinah wie ein Schutzwall gegen die Außenwelt blicken diese verschieden Statuen nun auf den zentralen Schrein des Klosters. Still und leise verabschiedet sich die Geschichte jedoch aus dem Vat Sisaket. Denn jeder neue Monsunregen dünnt die alten Wandfresken weiter aus, genauso wie jede weitere Regenzeit die bereits völlig porösen Klostermauern zerfrisst. So ist auch der sagenumwobene Kalaket mit seinem mystischen Pferd längst den Fresken entsprungen. Nur noch wenige Fragmente des alten Wandbildes, das den Reiter mit seinem Pferd durch die Lüfte sprengen lässt, haben die jährlichen Monsunzeiten überdauert.

Während sich das Kloster langsam seinem stetigen Zerfall ergibt – denn leider fehlen bisher die Mittel um es zu bewahren – verändert sich die umliegende Stadt immer schneller. Jedes Jahr wächst das beschauliche Vientiane weiter und besitzt mit seinen mehreren Hunderttausend Einwohnern inzwischen ein nicht mehr ganz so überschaubares Ausmaß wie noch vor einigen Jahren, bleibt im asiatischen Vergleich aber nach wie vor ein Winzling. Die Schwüle scheint der Bauaktivität in der Stadt keinen Abbruch zu tun. Überall entstehen neue Gebäude und auch der wichtigste Markt der Stadt, der Morgenmarkt Talat Sao, bekommt nun wenige Jahre nach der Öffnung des Landes ein Shoppingcenter mit Parkhaus. Dank der Nachbarschaftshilfe aus Asien entsteht hier der erste große Einkaufstempel in Laos. Mehr und mehr gleicht sich Vientiane damit anderen Hauptstädten in der Welt an und verliert ganz unmerklich seinen so einmaligen kleinstädtischen Charme. Doch die Laoten sind stolz auf ihre Hauptstadt, Dörfer haben sie genügend und Vientiane bietet momentan die vielleicht einzig wirkliche Aussicht auf besser bezahlte Jobs und die Möglichkeit, Karriere zu machen. So zieht es vor allem die Jugend hierher, viele träumen etwa von einem Studienplatz an der einzigen Universität des Landes. Und selbst Mönche aus Luang Prabang, Laos' eigentlichem religiösen Zentrum, werden von den größeren Klosterschulen Vientianes angelockt.

Ein Hauch vergangener Zeiten weht immer noch durch die Hauptstadt. Die Patina der alten französischen Kolonialbauten und der zumeist älteren Automodelle verhelfen der Stadt zu ihrem ganz eigenen Charme.

*In Vientiane gibt es keine Highways und Schnellstraßen, dafür aber jede Menge nachvollziehbares
Leben auf und an den kleinen Straßen.*

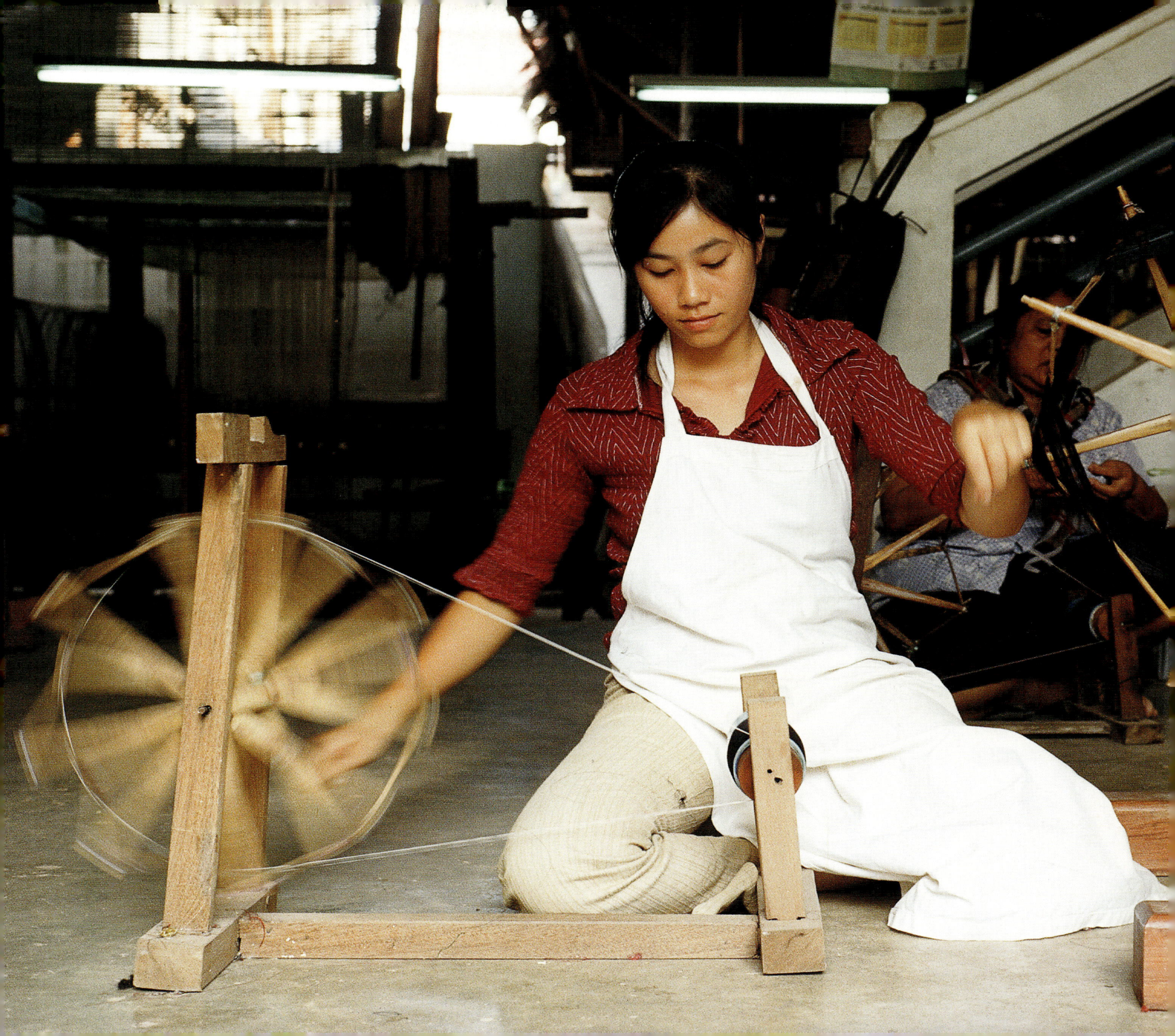

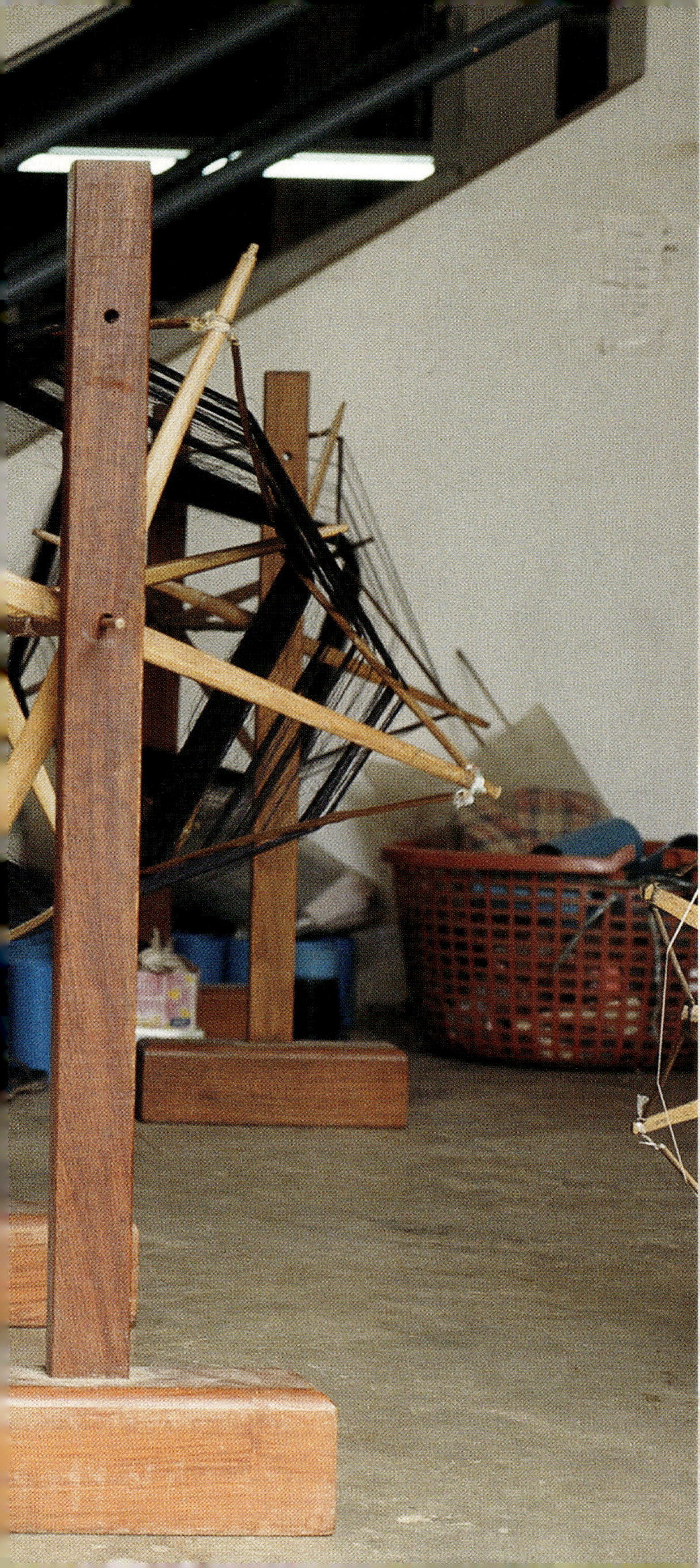

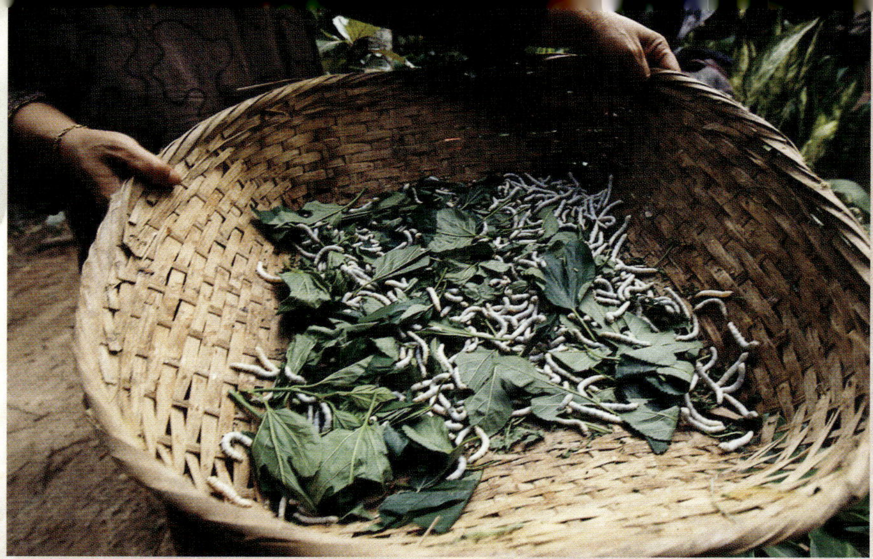

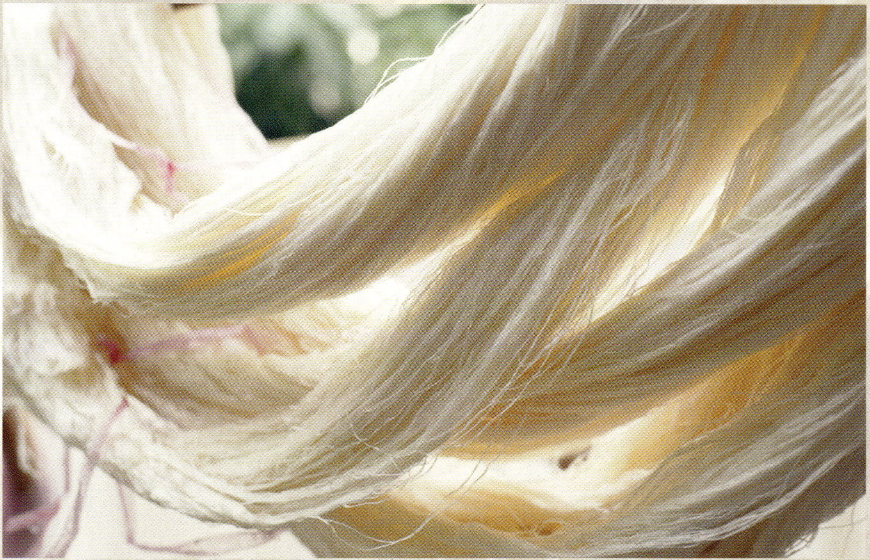

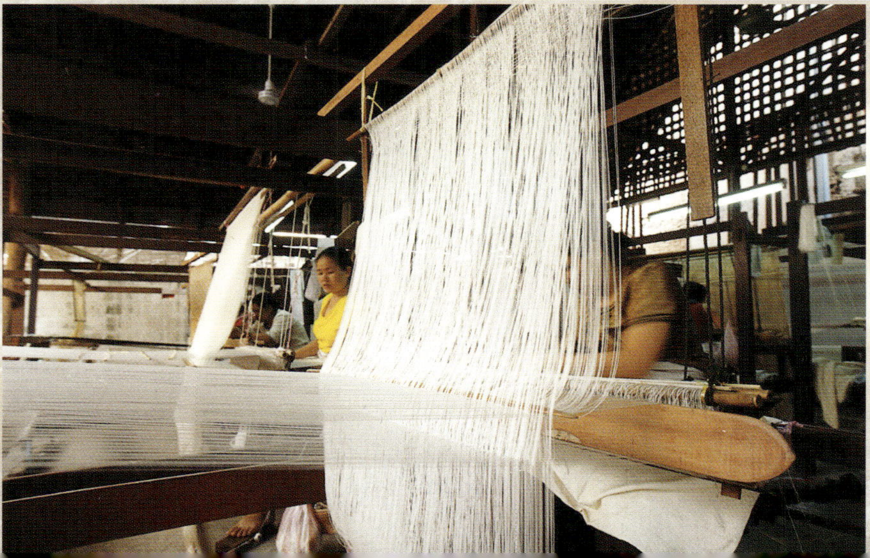

Vorhergehende Doppelseite: Die hochwertige und kunstvolle Seidenherstellung wie bei Carol Cassidy's in Vientiane wird international beachtet.

Links: Golden und majestätisch zeigt sich die »Ehrwürdige Stupa« That Luang in Vientiane.

Das Wahrzeichen der Stadt und für viele sogar das Symbol des Landes ist die erhabene goldene Stupa That Luang. Nur allzu gern schmückt sich auch die Laotische Revolutionäre Volkspartei, das Führungsorgan des noch immer kommunistischen Laos, in ihrer Außendarstellung mit diesem religiösen Wahrzeichen. Am Rande des historischen Stadtzentrums zieht es, vor allem bei Sonnenuntergang, jeden Tag sowohl Laoten als auch Besucher des Landes an. Besonders zum wichtigsten Fest des Jahres, dem That Luang-Fest im November, pilgern Tausende Buddhisten zur goldenen Stupa. Erbaut wurde sie im 16. Jahrhundert unter König Setthathirat, im 19. Jahrhundert jedoch durch Plünderungen, Kriegszüge und einen Blitzeinschlag deutlich in Mitleidenschaft gezogen. Heute entstehen im Zuge ausgedehnter Baumaßnahmen neue Klosteranlagen rund um die nach alten Zeichnungen rekonstruierte ehrwürdige Stupa und ziehen Novizen aus dem ganzen Land an.

Vientiane ist der Verkehrsknotenpunkt in Laos. Fast alle internationalen Flüge starten und landen hier, in alle Landesteile fahren Busse von den verschiedenen Stationen ab. Das Zentrum dieser kleinen Stadt besteht jedoch nicht aus repräsentativen Plätzen oder Gebäuden. Vielmehr gewinnt Vientiane seinen Reiz durch die kleinen ruhigen Straßenzüge, in denen sich alte Kolonialgebäude mit laotischen Holzhäusern abwechseln. Kleine Geschäfte, Imbiss- und Obststände verleiten zum Schlendern durch die Straßen. Erst gegen Abend füllt sich die Stadt mit Leben. Eine Vielzahl von kleinen Grillständen, Garküchen und mobilen Getränkehändlern bieten dann am Mekong allerlei Köstlichkeiten unter freiem Himmel an. Und nebenan, auf einer Bühne am Mekong, genügen ein Animateur und eine große Musikanlage, und man trifft sich zu der in Asien üblichen gemeinsamen Popgymnastik, bevor dann zu späterer Stunde in einem der gemütlichen Straßenrestaurants Platz genommen wird. Gegrillter Mekongfisch und ein »Beer Lao« lassen die Sonnenuntergänge am Mekong so noch zauberhafter erscheinen. Überall entlang des Flusses eröffneten in den vergangenen Jahren zudem einfache aus Holz gezimmerte Terrassen, auf denen man wie in kleinen Snackbars über dem Wasser des Mekong sitzt. Die vielleicht bemerkens-

Die verschiedenen Märkte, die Talats, die meist am Morgen stattfinden, versorgen vor allem mit Dingen des täglichen Bedarfs. Viele Märkte sind ein farbenfrohes Abbild des laotischen Lebens und der laotischen Speisekarte.

werteste unter ihnen diente vor Jahren als Treffpunkt der CIA-Agenten, die während des jahrelangen, verdeckten Krieges in Laos operierten. Bis heute lädt jene Sunset-Bar, welche sich über die Jahre ein besonderes Flair erarbeitet hat, zum gemütlichen Verweilen ein.

Früh am Morgen lassen sich im Zentrum von Vientiane zahlreiche internationale Einflüsse erkennen. Viele Laoten tragen etwa frische Baguettes aus den Bäckerläden zur Arbeit. So ist der Einfluss der früheren Kolonialmacht auf die Essgewohnheiten der Stadtbevölkerung bis heute erhalten geblieben. Verstärkt wird die Internationalität der kleinen Hauptstadt noch dadurch, dass viele ausländische NGOs und Firmen hier ihr Hauptbüro unterhalten. Auch fallen die zahlreichen hier arbeitenden Ausländer in der kleinen Stadt mehr auf als in den Millionenmetropolen Asiens.

Vientiane, direkt am Mekong gelegen, ist trotz allen Fortschritts bis heute eine eher gemütliche Hauptstadt geblieben, ein wirkliches Kleinod gegenüber den sonst so extrem geschäftigen Megacitys der Nachbarländer.

Vom Frischfisch über das reichhaltige Angebot an Obst und Gemüse werden auch die in Laos immer und überall verwendeten fermentierten Fischsoßen verkauft.

Das Vat Sisaket ist das älteste erhaltene Kloster der laotischen Hauptstadt Vientiane. Der König Anouvong lies das Kloster um 1818 im Bangkokstil erbauen. Rund 300 Buddhastatuen fanden im Wandelgang des Klosters ihre Heimat.

Der erste westliche Besucher Luang Prabangs, der französische Forscher Henry Mouhot, besuchte die Klosterstadt 1861 auf seiner Expedition, die ihn vorher unter anderem auch in die Tempelstadt Angkor Wat führte. Mouhot starb nur drei Monate nach seiner Ankunft in Luang Prabang an Malaria.

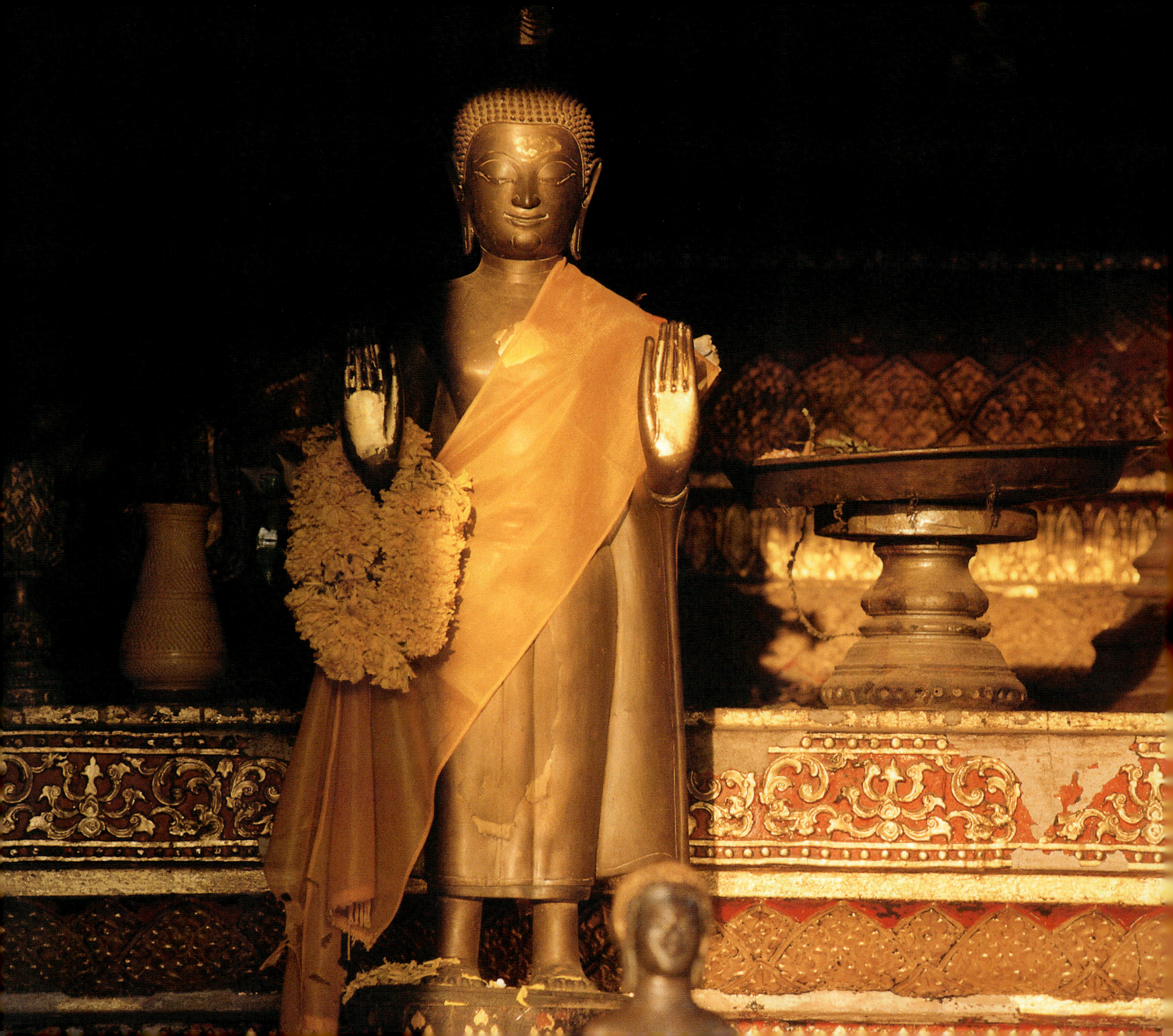

ຫຼວງ ພະ ບາງ
Der große Prabang

Beginnt die Fahrt Richtung Norden in Vientiane noch in einer weiten Ebene, so führt die Straße spätestens nach Vang Vieng, einer Backpacker-Hochburg mit faszinierenden Aktivmöglichkeiten, steil in die Berge. Vang Vieng, das ehemals kleine Dorf an der N13-Nationalstraße, hat sich vor Jahren beinah über Nacht zu einer Touristenstadt entwickelt, zu einem boomenden Reiseziel, das vielen Laoten innerhalb kürzester Zeit einen anschaulichen Wohlstand bescherte, aber auch zu einem Ort, der kaum mit sanfter Tourismusentwicklung zu beschreiben ist. Aus aller Welt kommen junge Reisende hierher, um sich die Zeit mit Kajakfahrten, Felsklettern oder Höhlen- und Dschungelwandern zu vertreiben – oder sich oft auch nur in einer Hängematte von ihren »stressigen« Weltreisen zu erholen. Dennoch, die landschaftlichen Eindrücke außerhalb der Stadt sind so überwältigend, dass man den Blick kaum rückwärts nach Vang Vieng wenden mag: In den verschiedensten Grüntönen erheben sich die bewachsenen Kalkfelsen steil Richtung Himmel. Tiefe Täler, durchzogen von rauschenden Flüssen, bedeckt mit einem dichten Dschungelteppich und frisch bestellten Reisterrassen, durchteilen die Bergwelt. Es sind nur wenige Fahrzeuge, die sich hier auf den teilweise asphaltierten Pisten über steile Gebirgspässe und an tiefen Schluchten entlang in Richtung Norden quälen, denn bis heute bestimmen vor allem alte koreanische Busse und Trucks das Bild auf den Straßen, dagegen sind private Pkw in Laos noch immer eine Seltenheit. Kleine Bergdörfer der verschiedenen Stämme durchziehen die gesamte Landschaft. Eine Hand voll Straßen kriecht die steilen Bergpässe hinauf, um dann, eine nach der anderen, den Blick auf das nächste Stück überwältigender Natur freizugeben. Kurz nach der

Die Klosteranlagen der alten Tempelstadt Luang Prabang zeigen unzählige Buddhafiguren, hier im Vat Xieng Thong.

Motorrikschas gehören zu den einfachen aber beliebten Taxitransportmitteln.

Regenzeit ist alles satt grün, erinnert nichts an die jährlich wiederkehrenden Rauchwolken, welche einem über Kilometer die Sicht und auch die Luft nehmen. Denn zeigen sich die Ausmaße der Brandrodung vor der Regenzeit noch extrem deutlich, so erwachen die abgebrannten Flächen bereits während des Monsunregens zu neuem Leben, nun allerdings mit Kulturpflanzen wie Zuckerrohr, Bananen, Bergreis oder Ananas, mit Kautschuk- oder Teakbäumen bestellt.

Auch aus dem Flugzeug heraus wirkt die Bergwelt bei gutem Wetter besonders imposant. Nach dem Start in Vientiane überfliegen die kleinen Propellermaschinen eine schier endlose Dschungelwelt. Nach etwa 50 Minuten erscheint die spiegelnde Oberfläche des rotbraunen Mekong. Gleich darauf setzt die Maschine zu einem dramatischen Sinkflug an, um den kleinen internationalen Flughafen von Luang Prabang anzusteuern. Die Stadt Luang Prabang im nördlichen Laos ist malerisch am Zusammenfluss des Nam Khan mit dem Mekong gelegen. Ein großer Teil der Altstadt befindet sich auf der schmalen Landzunge zwischen beiden Flüssen. Heute steht die Stadt mit den bedeutendsten Tempelanlagen in ganz Laos unter dem Schutz des UNESCO-Weltkulturerbes. Die bezaubernde Klosterstadt mit ihrem faszinierenden Reichtum an französischer, chinesischer und laotischer Architektur der verschiedenen Jahrhunderte bildet das eigentliche kulturelle und religiöse Zentrum des Landes. Doch erst seit wenigen Jahren erblüht Luang Prabang wieder zu altem Glanz. Französische NGOs sind damit beauftragt, die Verpflichtungen, welche mit dem 1995 verliehenen Weltkulturerbe-Status einhergehen, zu erfüllen. So gibt es für Bau- und Sanierungsvorhaben Berater, die eine denkmalschutzgerechte Erneuerung überwachen. Nach der Öffnung des Landes und den darauf folgenden wirtschaftlichen Reformen hat sich Luang Prabang, in einer für laotische Verhältnisse unglaublich kurzen Zeit, vom grauen, teilweise verfallenen Städtchen wieder zu einer bunten und lebendigen Stadt entwickelt. Und diese Stadt gilt heute, mit ihrer wachsenden Zahl an Besuchern, als eines der kulturellen Highlights im Programm vieler Erlebnis- und Kulturreiseanbieter weltweit. Eine kleine Besonderheit in Luang Prabang ist der Nachtmarkt.

Viele der alten laotischen Holzhäuser in Luang Prabang sind Kulturschätze, oft auch aus Teak- und sogar Rosenholz erbaut.

Täglich ab 17 Uhr wird hierfür die Sisavangvong Road für den Verkehr gesperrt. Unzählige kleine Verkaufsläden werden auf der Straße ausgebreitet. Allabendlich bieten die Bewohner der Stadt und der umliegenden Dörfer eine große Auswahl an Handarbeiten, wie Taschen, Decken, Drucke, Papier und Holzarbeiten an. Leider geht der Charme des Marktes durch die Anpassung an die Wünsche der Touristen immer mehr verloren.

Zum ersten Mal Königsstadt wurde Luang Prabang 1353 unter Fürst Fa Ngum, der fünf Jahre später die goldene Buddhastatue Phra Bang vom König Angkors zum Geschenk erhielt. Fa Ngum war es, der jene Statue zum Schutzheiligen des Reiches erklärte und den Buddhismus zur Staatsreligion erhob. Nachdem Vientiane im 16. Jahrhundert neue Hauptstadt geworden war, bekam Luang Prabang vom damaligen König Setthathirat seinen heutigen Namen und entwickelte sich seither zum Zentrum des Theravada-Buddhismus und zu einem Anziehungspunkt für Gelehrte aus ganz Südostasien.

Allein die 34 auf der Landzunge gelegenen Klöster zeugen heute von einem nach wie vor lebendigen religiösen Leben. So wird der Theravada-Buddhis-

Oben: Die Stupa That Chomsi auf dem Berg Phousi in Luang Prabang

Mitte: In der Bibliothek des Vat Xieng Thong, Ho Phra Mane, wird das landesweit verehrte Buddhabildnis Phra Mane aufbewahrt.

Unten: Mönchsunterkünfte des Vat Xieng Thong in Luang Prabang

Zu den verschiedenen Meditationen und anderen Terminen des Lebens im Kloster werden durch das Schlagen auf das Holz die Mönche und Novizen herbeigerufen.

Luang Prabangs Kunsthandwerker sind berühmt für Ihr handgeschöpftes Papier. Dafür wird die Rinde des Maulbeerbaumes verwendet. Das leichte und zugleich starke Papier wird oft mit wunderschönen Blüten geschöpft.

mus weiterhin praktiziert und noch immer kommen junge Männer im Alter von zwölf bis zwanzig Jahren zahlreich in die Klöster, um dort in der Tradition des Buddhismus zu studieren. Bereits vier Uhr morgens beginnt für die Novizen und Mönche eines Klosters der Tag mit einer Morgenmeditation. Kurz nach Sonnenaufgang folgt die Vorbereitung auf den allmorgendlichen Almosengang *takbat*, ehe schließlich mehrere Hundert Mönche und Novizen, geführt von den Äbten der jeweiligen Klöster, durch die Straßen der Stadt ziehen. Hier warten bereits die Anwohner auf einer festgelegten Route mit ihren vorwiegend aus Klebreis bestehenden Gaben. Während die Menschen überall im Land den Mönchen mit diesen Spenden ihren Respekt erweisen, ist der Almosengang in Luang Prabang selbst indes zur Touristenattraktion geworden. Und nachdem teils sogar Busse mit Reisegruppen mit den Mönchen mitfuhren, gibt es nun in allen Hotels und Gästehäusern Plakate, welche über die »Dos and Don'ts« im Umgang mit dieser Zeremonie aufklären. Es bleibt zu hoffen, dass sie von den Touristen aus aller Welt auch ernst genommen werden. Kontakte mit den Mönchen bieten sich schließlich genügend in der Stadt. Denn neben der religiösen Bildung nutzen die jungen Laoten ihren Aufenthalt im Kloster vor allem auch, um Englisch zu lernen – und die ausländischen Besucher in Luang Prabang stellen dazu eine willkommene Übungsmöglichkeit dar. Doch während die Jugend nach Bildungsmöglichkeiten sucht, gelten diese den Äbten der Klöster oftmals noch als unerwünschte Begleiterscheinungen der Öffnung des Landes. Sie lehnen die zuneh-

mende Verwestlichung, zu aller erst aber auch die Sprache jener Nation, die einst große Teile des Landes bombardierte und bis heute in Mitleidenschaft gezogen hat, als eine Ablenkung von der Lehre des Theravada-Buddhismus ab.

Der erste westliche Besucher kam 1861 nach Luang Prabang. Henri Mouhot, ein französischer Naturforscher, schrieb unter anderem als erster westlicher Reisender über die damals noch vom Dschungel verschlungene Tempelstadt Angkor Wat im heutigen Kambodscha, welche er ein Jahr vor seiner Reise nach Luang Prabang besucht hatte. Letztendlich legte er mit seinen Forschungsreisen den Grundstein für das spätere Interesse Frank-

Verschiedene Papiergalerien der Stadt verkaufen die kunstvollen Bögen und Lampen aus handgeschöpftem Papier.

Luang Prabang wird heute mit viel Intensität gepflegt und restauriert.

reichs am laotischen Gebiet. Auch Mouhot, der die Stadt und große Teile Indochinas auf einer Dschungelexpedition bereist hatte, schwärmte von dem kleinen Städtchen am Mekong. Er starb jedoch nur drei Monate nach seiner Ankunft in Luang Prabang an Malaria und wurde außerhalb der Stadt, im Dschungel am Ufer des Nam Khan, begraben.

Bis heute ist Luang Prabang trotz aller Einflüsse von außen ein aktives buddhistisches Zentrum geblieben. Auch die Jahre nach der Revolution von 1975 haben die Klöster und Mönche überstanden. So bietet sich, schaut man heute von dem heiligen Berg Phousi über die Stadt, der Blick auf ein wunderbar lebendiges Kleinod Südostasiens.

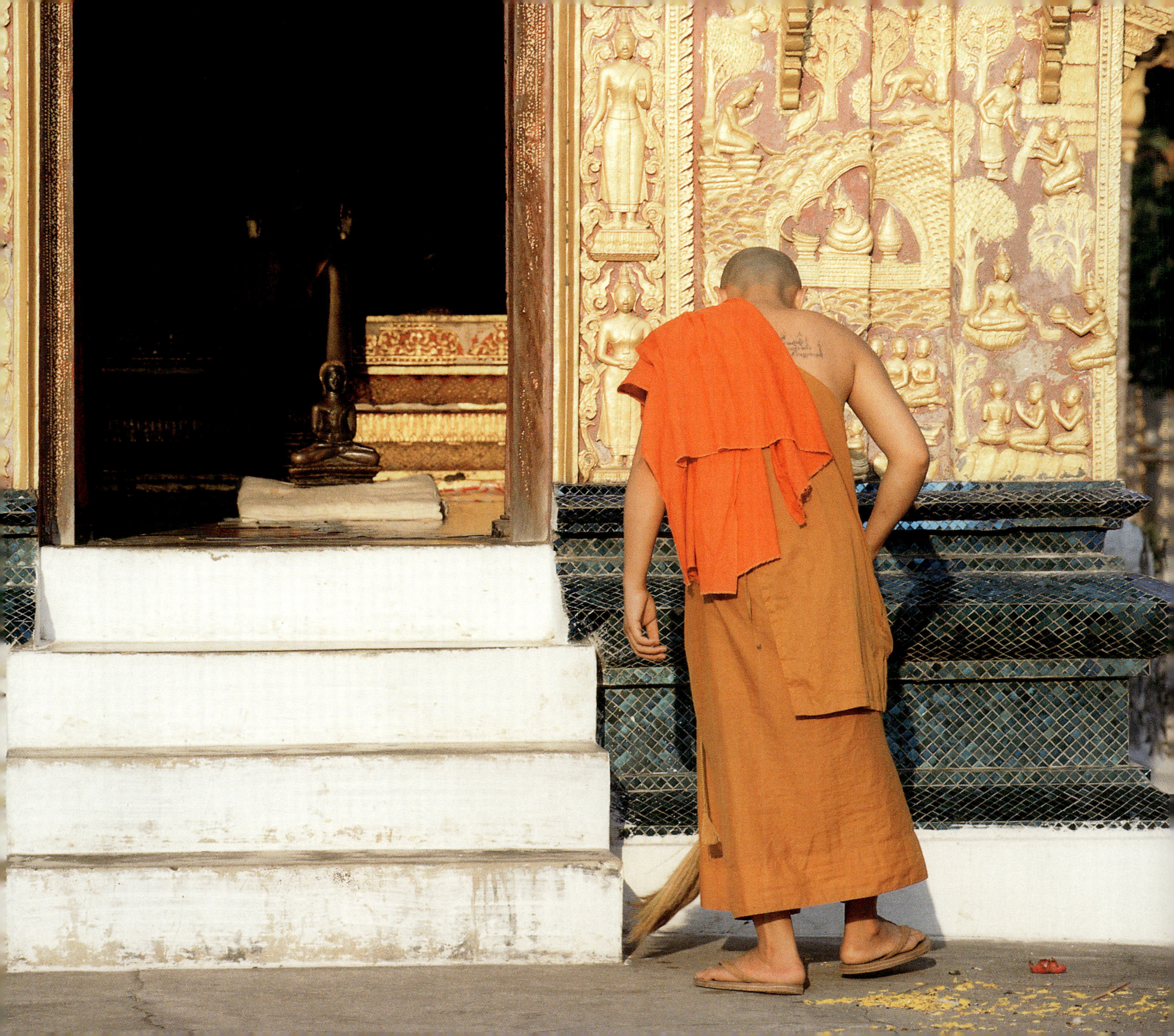

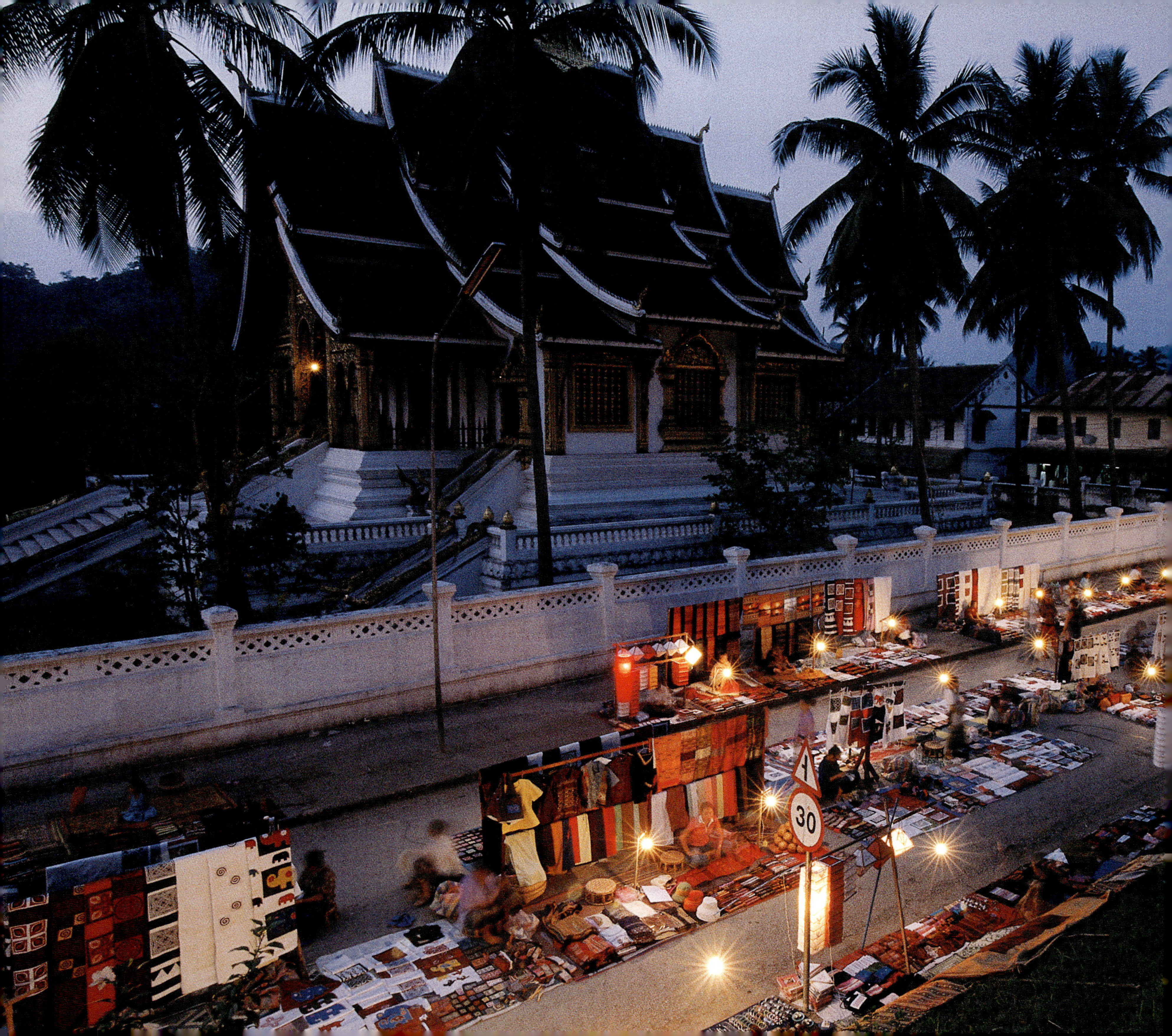
30

Eine der Besonderheiten der alten Königsstadt ist der täglich ab 17 Uhr stattfindende Nachtmarkt. Hierfür wird die Sisavangvong Road für den Verkehr gesperrt. Unzählige kleine Verkaufsläden werden auf der Straße ausgebreitet. Viele Minderheiten und Bewohner der umliegenden Dörfer bieten hier ihr selbst hergestelltes Kunsthandwerk an.

Junge Novizen geben der Stadt ein lebendiges religiöses Bild.

Die so genannte »rote Kapelle« Ho Phra None im Vat Xieng Thong enthält ein sehr seltenes liegendes Buddhabildnis.

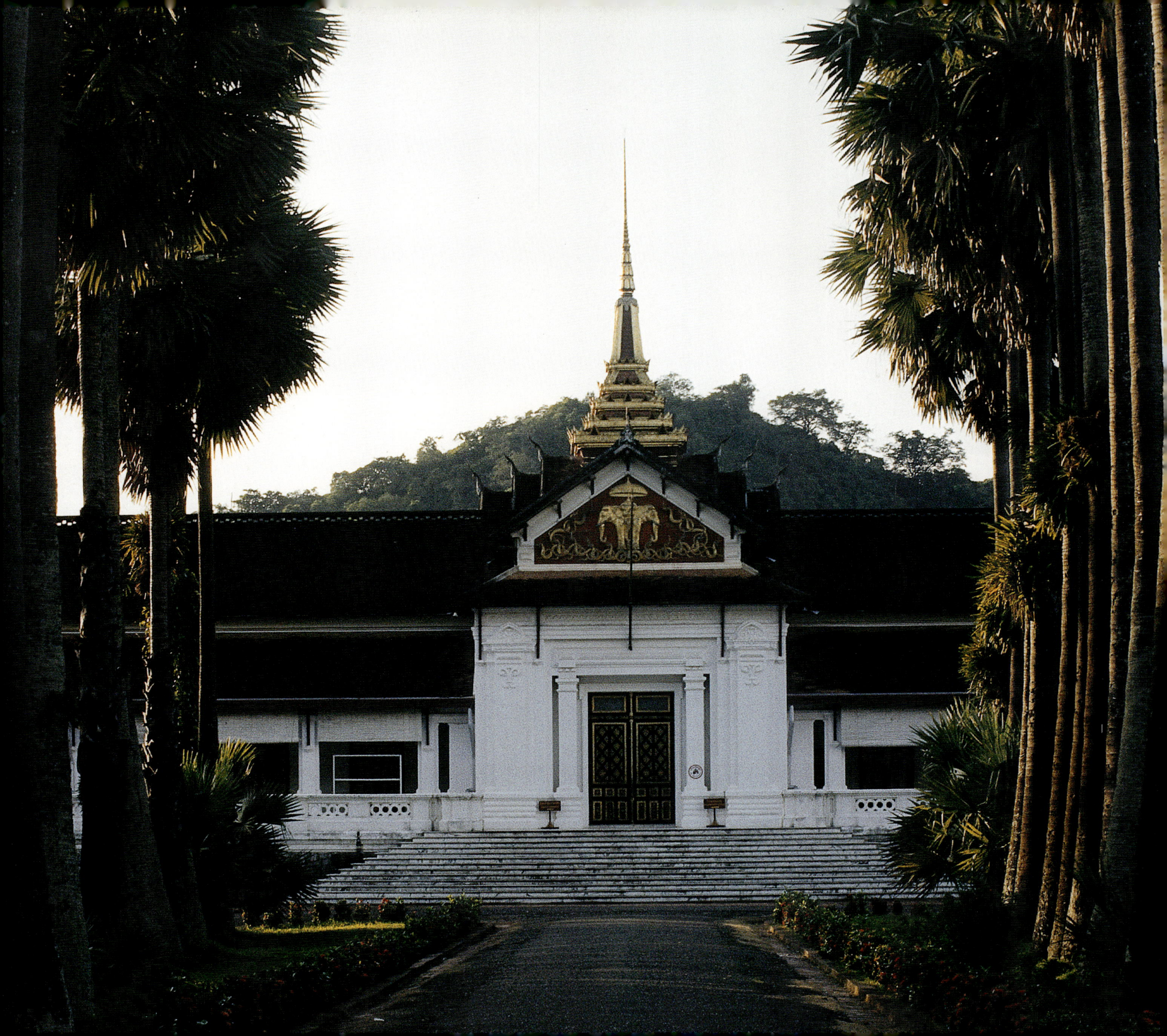

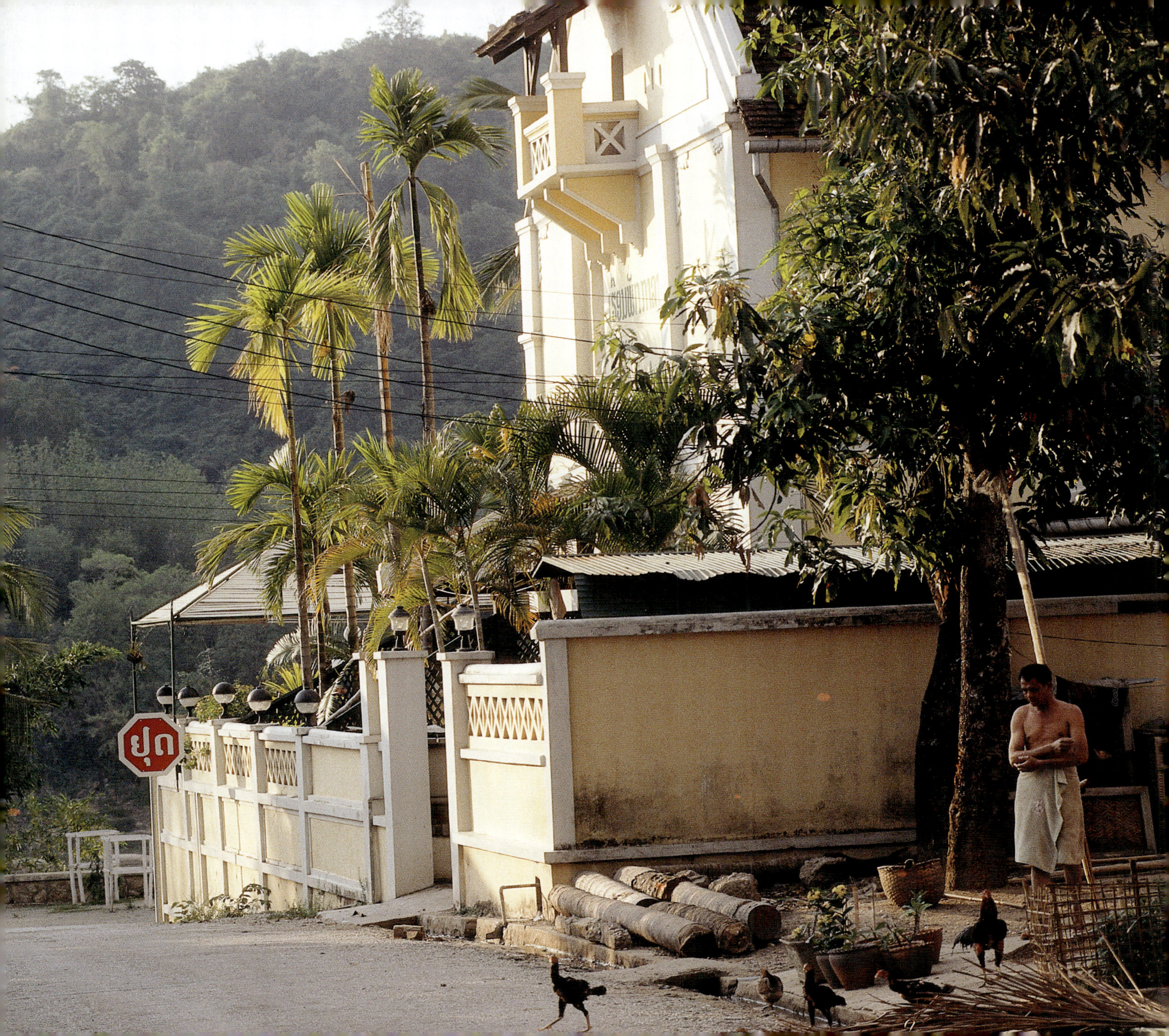
ຢຸດ

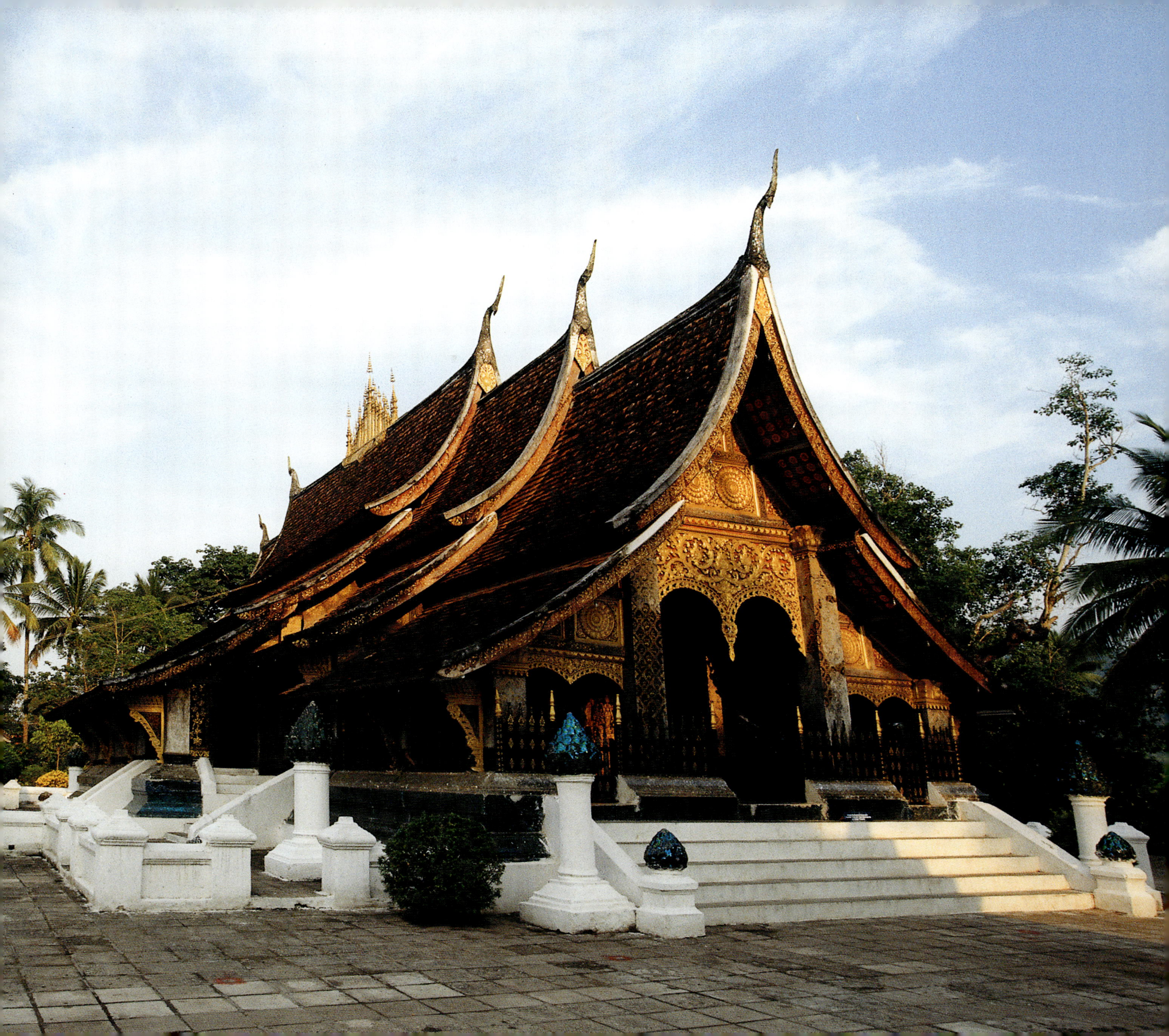

Vorhergehende Doppelseite: Der bis 1975 genutzte Königspalast in Luang Prabang ist heute ein Palastmuseum. Im Giebel des Palastes findet sich das Symbol des »Reiches der Millionen Elefanten und der weiße Schirm« des Königs Fa Ngum.

Links: Der Sim (Verehrungsstätte, Ordinationshalle) des Vat Xieng Thong ist innen reichhaltig verziert mit Bildnissen, die in einem goldenen Schablonendruck aufgetragen wurden. Xieng Thong ist das älteste Kloster der Stadt und zugleich eine der wichtigsten Zeugnisse des klassischen Architekturstils Luang Prabangs.

Oben: In der Begräbniskappelle des Vat befindet sich der königliche Begräbniswagen.

Mitte: Der Flammenbaum, ein wunderbares Glasmosaik, auf der Rückseite des Sim

Unten: Kunstvolle Goldverzierung am Sim

Bis heute verbringen viele junge Männer eine kurze Zeit als Novize in einem der Klöster des Landes. Einige von ihnen bleiben länger und studieren in den Klosterschule um später zum Mönch ordiniert zu werden.

Allmorgendlich sammeln sich die Mönche zum takbat, dem Almosengang. Die Äbte ziehen kurz nach Sonnenaufgang mit den Mönchen und Novizen durch die Straßen der Stadt und empfangen von den Bewohnern Lebensmittelspenden.

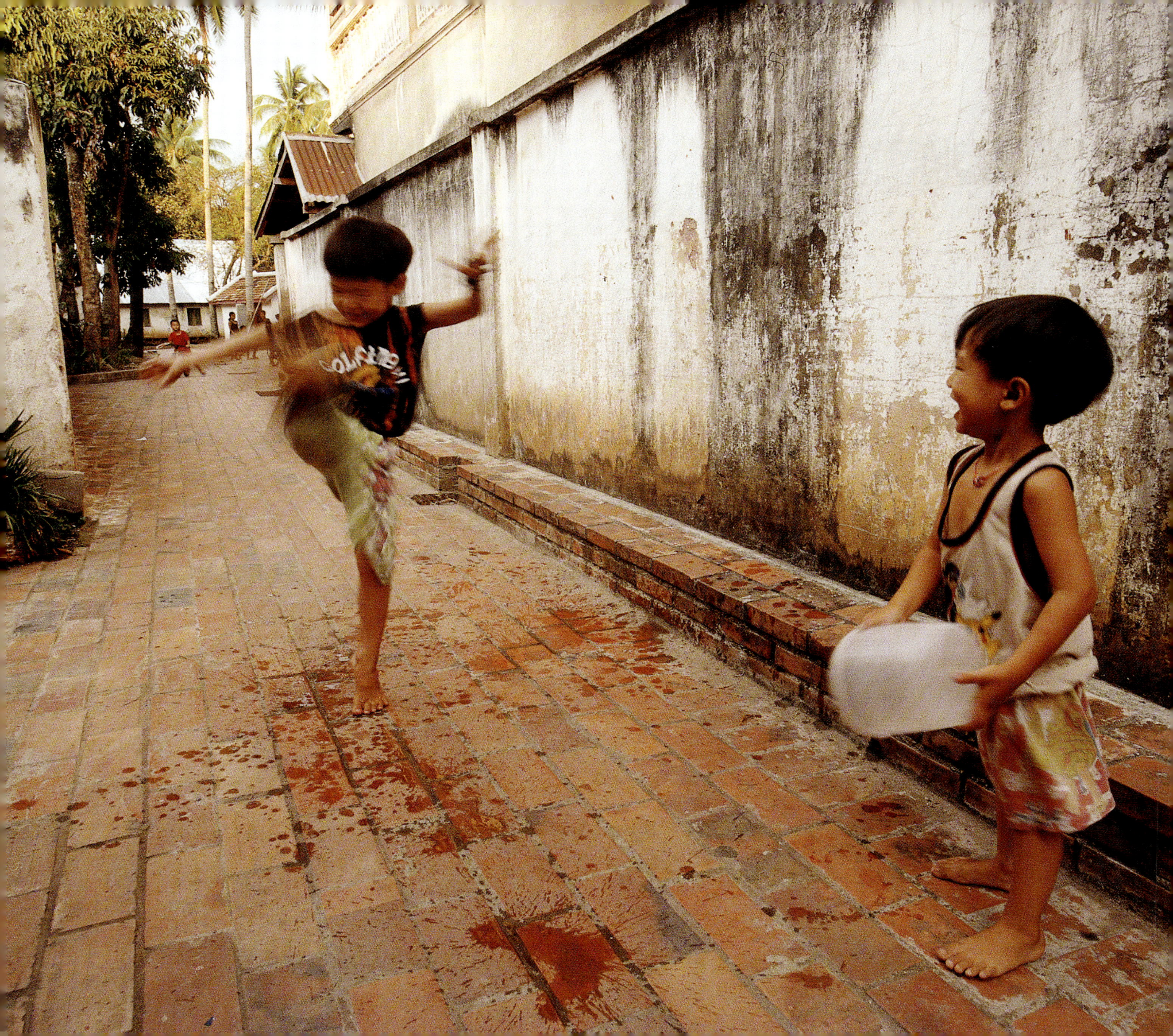

Phi Mai – Das laotische Neujahrsfest

Noch ist Trockenzeit in Laos. Die Temperaturen sind hoch, die Luftfeuchtigkeit ebenso. Kaum ein Regentropfen bringt Linderung. Die Tage um das laotische Neujahrsfest bieten aber schon einen handgemachten Fastmonsum. Je nach Jahr findet in der Woche um den 16. April herum das traditionelle laotische Neujahrsfest, zugleich Begrüßung der Regenzeit, statt. Die Festivitäten dauern normalerweise drei Tage an. Phi Mai wird es in Laos genannt, in Thailand Songkran. Das Fest richtet sich nach dem Mondkalender und liegt deshalb im Datum nicht genau fest. Zur Vorbereitung auf das eigentliche Fest werden am Vorabend Häuser und Wohnungen geputzt. Am Neujahrsmorgen besuchen die Familien die Klöster und hinterlassen kleine Opfergaben wie Reis und Früchte. Anschließend werden traditionell im jeweiligen Vat die Buddhafiguren und der Abt »gebadet«, indem sie mit Wasser begossen werden. Im Laufe der Zeit haben sich die rituellen Waschungen soweit entwickelt, dass sich alle Personen gegenseitig mit Wasser übergießen. Dieser Brauch, der bereits vor dem eigentlichen Fest beginnt und auch über es hinausgeht, wird vor allem in größeren Orten exzessiv betrieben. Obwohl Trockenzeit herrscht, gibt es wohl kaum einen Teilnehmer des Neujahrsfestes, welcher trockenen Fußes seinen Weg verrichten kann. Überall lauern feierfreudige Laoten mit Wassereimern, Wasserpistolen, Wasserbeuteln und Wasserschläuchen auf die vorüber kommenden Passanten. Einer Wasserschlacht ähnelnd zieht sich dieses große Fest über mehrere Tage. Teils hinab von den Pritschen der Pick-ups, teils von den Balkonen oder einfach auf der Straße, wird mit viel Lachen und Gekreische das Wasser verspritzt. Es gibt kein Entkommen und am meisten muss der leiden, der versucht trocken durch die Straßen zu kommen. Eine weitere Sitte ist es, dass die Feiernden teilweise mit Maismehl bepudert, manchmal aber auch mit Kohle oder schwarzer Schuhcreme bemalt werden.

Das Wasser steht symbolisch für die Reinwaschung des neuen Jahres, es verheißt Gutes und wird so lächelnd in Kauf genommen. Wasser versinnbildlicht in der buddhistischen Welt aber auch die Anhäufung von guten Taten und Verdiensten, welche Buddha im Laufe seines Lebens ansammelte. So verwundert es nicht, dass überall im Land, besonders zu den Feierlichkeiten des laotischen Neujahrs Phi Mai, rituelle Buddhawaschungen stattfinden.

Luang Prabang mit seinem Neujahrsprozessionszug durch die Stadt bietet in jenen Tagen sicherlich einen der faszinierendsten Anziehungspunkte in Laos. Mit dem Umzug soll unter anderem Gläubigen die Gelegenheit gegeben werden, die Statuen ebenfalls mit Wasser zu begießen. Sobald es kühler wird füllen sich am Abend in der Altstadt die Straßen der Halbinsel. Um zu beten und an den Waschungen teilzunehmen, kommen viele Men-

Zwischen dem sechsten Tag des abnehmenden Mondes des fünften laotischen Monats und dem fünften Tag des zunehmenden Mondes des sechsten laotischen Monats beginnen die Feierlichkeiten des laotischen Neujahrsfestes.
Überall entstehen Sandstupas, die mit Reismehl und Fähnchen, auf denen buddhistische Symbole abgebildet sind, verziert werden. Sie sind ein Symbol für spirituelles Glück und Erlösung.

Buddhawaschungszeremonie im Vat Xieng Thong in Luang Prabang. Reines mit Frangipani-Blüten versetztes Wasser wird in die Wasserrinnen (hang ling oder hang hod) gegossen und fließt über die Buddhabildnisse.

In den kühleren Abendstunden füllen sich die Klöster zur Buddhawaschungszeremonie. Festlich gekleidet erbitten viele Gläubige Segen.

schen zusammen mit ihren Familien und Freunden zum Kloster Xieng Thong. Hier am ältesten Kloster Luang Prabangs wird in diesen Tagen extra ein Pavillon aufgestellt, um den Buddhastatuen, der Hanghod in Form der verehrten Schlangen, den Nagas, und natürlich den Besuchern Raum zu bieten. Fast jeder kommt in diesen Tagen ins Kloster um sich den Segen fürs neue Jahr zu erbitten. Und auch beim täglichen *Takbat*, dem Almosengang der Mönche, sitzen noch mehr Bewohner als üblich am Wegesrand, um die Mönche der vielen Klosteranlagen Luang Prabangs zum Neujahr reichlicher zu bedenken.

Aber noch weitere althergebrachte Bräuche begleiten diese Feiertage. So besuchen junge Menschen die älteren Familienmitglieder, um ihnen Respekt zu erweisen, indem sie ihnen kleine Mengen von Wasser über ihre Hände gießen. Damit es angenehm duftet wurde es vorher mit Jasminblüten versetzt. Oft sieht man auch wie Gläubige kleine Mengen von Sand in die Tempel tragen, um ihn dort im Vorhof zu kleinen Pyramiden aufzuhäufen, welche oft mit bunten Fähnchen verziert werden. Der Sand soll den Staub wieder an den Ausgangspunkt zurückbringen, den die Gläubigen im Laufe des Jahres an ihren Schuhen haftend von dort weggetragen haben. Generell gesehen ist Phi Mai die Zeit der Säuberung und Erneuerung. Viele nehmen dies zum Anlass ihre Wohnungen einer General-Reinigung zu unterziehen.

Ein Kerzenmeer erleuchtet die Buddhawaschungszeremonien. Räucherstäbchen und Frangipani-Blüten werden hinterlassen.

83

Für viele Gläubige in Laos ist der Buddhismus mit seinen meditativen Elementen ein fester Bestandteil im täglichen Leben.

Eine Geisterbeschwörungszeremonie im nordlaotischen Muang Khoua.

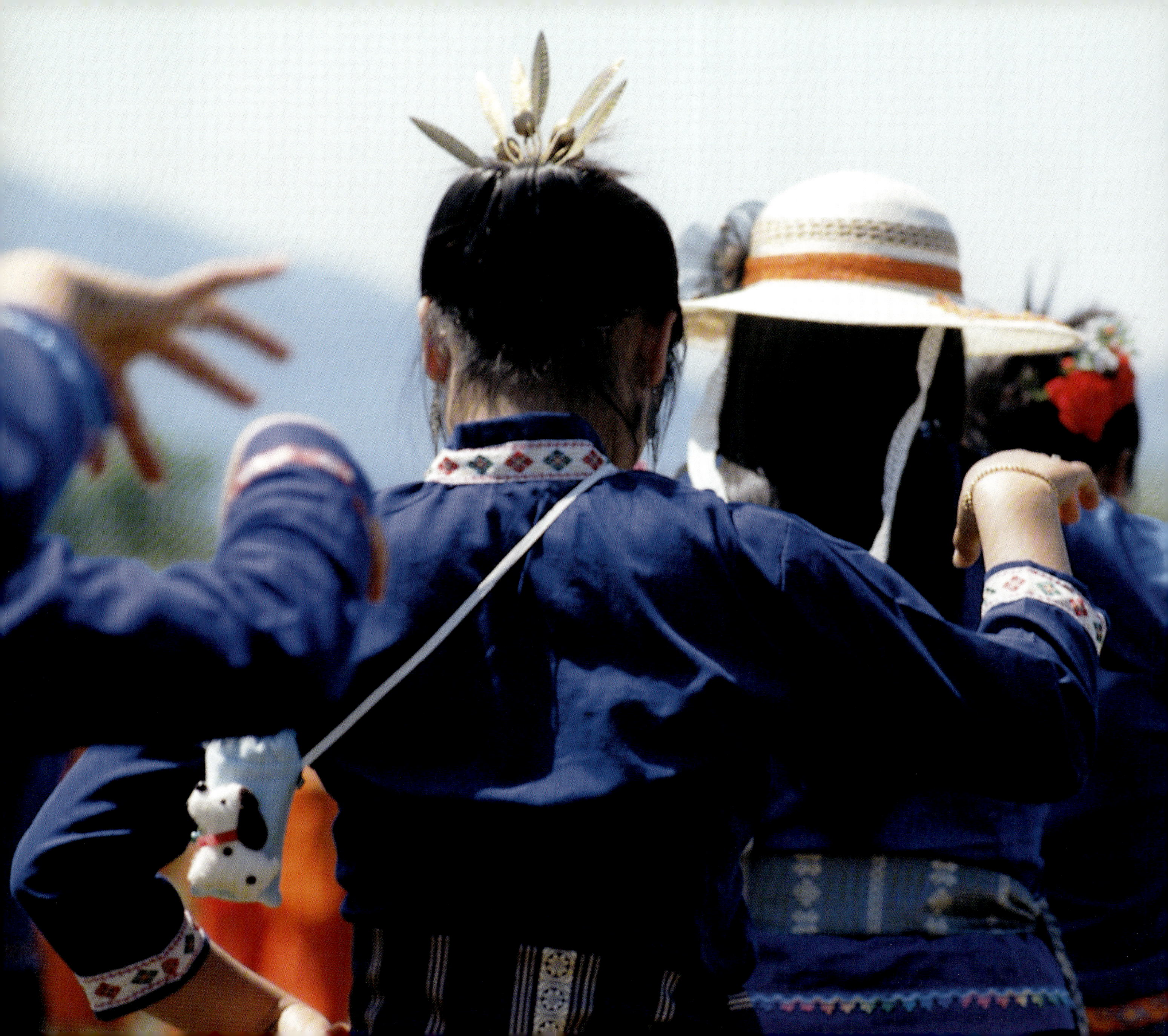

ປະເທດລາວ Die Befruchtung des Himmels

Vollbeladen preschen die Songtheos, jene zu Kleinbussen umfunktionierten Pick-up-Trucks, über den Asphalt durch das NamHa Nature Preserve. Ihr Ziel ist Muang Sing, die dreizehn Kilometer südlich der chinesischen Grenze gelegene zweitgrößte Stadt im Luang Namtha Distrikt. Muang Sing feiert heute das Raketenfest Boun Bang Fai und alles was auf den Beinen ist kommt in die Stadt. Es ist Mai, die heißeste Zeit im Jahr, und auch hier im Hochland von Nordlaos ist es tagsüber fast unerträglich schwül. Normalerweise hat der kleine Ort den Charakter eines abgelegenen Dorfes. An gewöhnlichen Tagen muten die Straßen staubig und leer an, ist das ehemals weitläufige Wegenetz der früheren Hauptstadt des Xieng Kheng Fürstentums nur noch zu erahnen. Aber heute ist alles anders. Alles ist mit Leben erfüllt, ein buntes Treiben beherrscht die Szenerie.

Das Raketenfest ist eines der aufregendsten Feste im laotischen Jahr. Zurückgehend auf vorbuddhistische Fruchtbarkeitsriten werden an Boun Bang Fai selbstgebaute Bambusraketen in den Himmel geschossen, um mit diesen symbolischen Phallus den Himmel zu befruchten und so die Regenzeit heraufzubeschwören. Der tatsächliche Zeitpunkt des Festes fällt zwar auf den Vollmond, aber da die Laoten so feierfreudig sind, ziehen sich die Festlichkeiten meist über einen Monat hin. Praktischerweise wählt jedes Dorf einen anderen Tag, damit auch die Leute der Nachbardörfer mitfeiern können.

Wie zur Glück verheißenden großen Wasserschlacht anlässlich des laotischen Neujahrs (Phi Mai) geht in Muang Sing am Tag des Raketenfestes nichts mehr seinen gewohnten Gang. Die meisten Geschäfte der Stadt sind geschlossen, schließlich möchten alle Einwohner an dem rauschenden Fest

Stolz werden die zum Teil riesigen selbstgebauten Bambusraketen über den Festplatz außerhalb Muang Sings getragen. Von einer zusammengezimmerten Abschussrampe werden die Raketen in einem großen Wettstreit gestartet.

teilhaben. So scheint der Platz um die selbstgebaute Abschussrampe eine magische Anziehungskraft zu besitzen. Mit viel Tanz und Geschrei beginnt er sich schon am Morgen langsam zu füllen.

Bereits Tage vorher waren die einzelnen Dörfer und Familien mit den Vorbereitungen für das Fest beschäftigt, saßen zusammen und planten den Bau ihrer Raketen. Bambus und Schwarzpulver sind die Grundvoraussetzungen für die Teilnahme am Fest. Ohne diese beiden Zutaten keine laotische Bambusrakete – und ohne eigene Bambusrakete für einen Laoten auch kein richtiges Raketenfest. Von einem über zehn bis zu unglaublichen einhundert Kilogramm reichen die Gewichtskategorien dieser Geschosse.

Nach langem Tüfteln werden die Raketen stolz auf die Festfläche, in der Regel einige noch nicht bestellte Reisfelder, getragen. Dabei wurden die Plätze in weiser Voraussicht so gewählt, dass auch fehlkonstruierte und umherirrende Flugkörper nicht die Hütten der umliegenden Dörfer treffen können. Trotzdem kommt es jedes Jahr zu Flugexperimenten, von denen man sich noch lange danach, manchmal sogar im ganzen Land, erzählt – etwa von Bambusraketen, die sich nicht daran hielten, dass die Mitte des Mekong gleichzeitig auch die Landesgrenze von Laos markiert.

Das Fest wird zu einer Riesenparty, Männer verkleiden sich vereinzelt als Frauen und es fließen erhebliche Mengen von starkem selbstgebranntem »Lao Lao«, dem allgegenwärtigen Reisschnaps. Die Menschen beginnen zu singen, zu trommeln und wilde Tänze aufzuführen, und mit fortlaufender

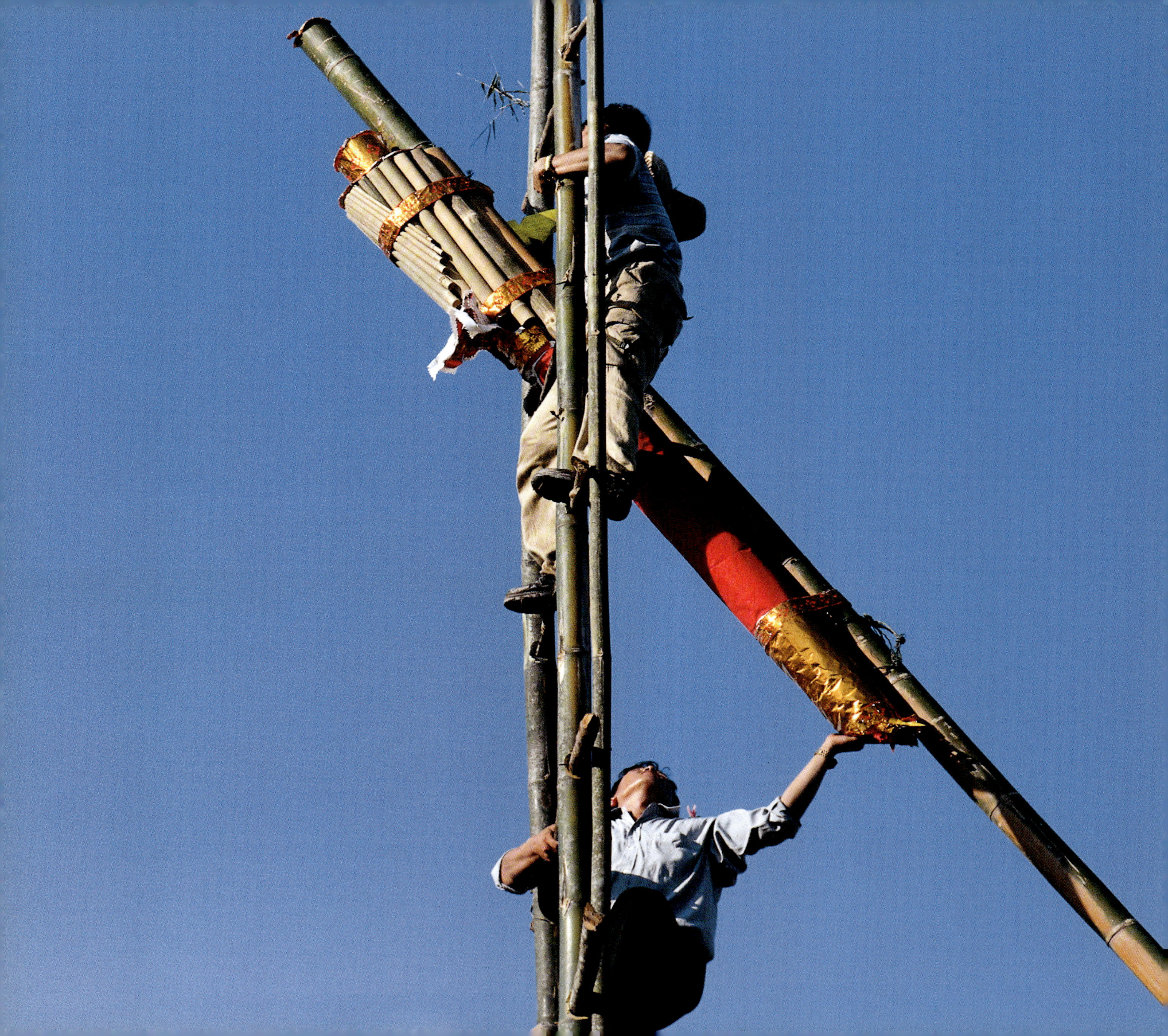

Tageszeit sowie steigendem Alkoholkonsum verlieren nach und nach auch die Lamwong-Tänze der schick gekleideten Frauen an Grazie. Immer wieder wird während des Festes, unter dem lauten Gelächter des Publikums, in eindeutigen Gesten der Geschlechtsakt nachgeahmt, teilweise unter Einsatz mächtiger Knüppel, um das Ganze noch anschaulicher zu gestalten. Meist schon stark angeheitert klettern die Feiernden auf die aus Bambus gezimmerten Abschussrampen. Oft befinden sich dabei auch nach Zündung der Rakete noch Leute auf der Rampe und verschwinden nun förmlich in einer riesigen Rauchwolke. Wohlwollend sind die Rufe des Publikums, wenn die Bambusgeschosse hunderte Meter geradlinig in den Himmel aufsteigen, groß sind dagegen Gelächter und Spott, wenn sie nach nur wenigen Flugmetern ins Feld stürzen oder bereits auf der Rampe explodieren. In jedem Fall aber sind die Feiernden für einige Minuten in dichten beißenden Qualm gehüllt.

Den ganzen Tag über werden die verschiedensten, mitunter aufwendig hergestellten Raketen in den Himmel geschossen und die Reisbauern hoffen auf ausreichenden und gut dosierten Niederschlag während der Monsunzeit. Denn kommt die Regenzeit zu spät, gibt es Ernteausfälle, kommt sie jedoch zu heftig, dann ertrinken die Reissetzlinge. So bleiben die Hoffnungen der Bauern am Ende doch existenziell, auch wenn nach einem langen Festtag nachts in den Straßen von Muang Sing weiter ausgelassen gefeiert und getanzt wird.

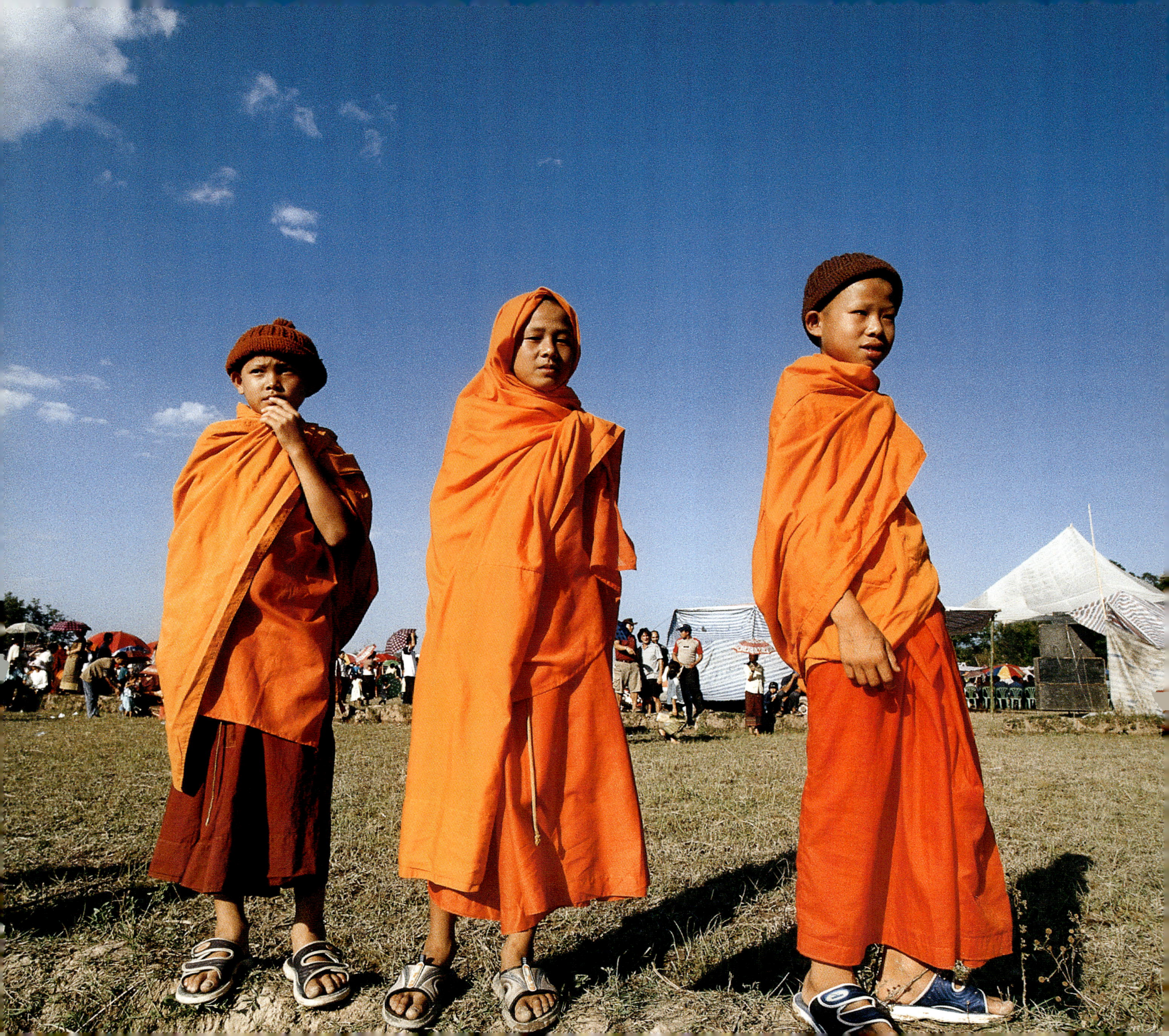

Auch für die Novizen, die hier in Nordlaos trotz Hitze oft ihre orangen Wollmützen tragen, ist das Fest eine willkommene Abwechslung. Sie beobachten das Spektakel aus einiger Entfernung.

Viele der Frauen zeigen sich in traditionellen Festgewändern und tanzen den Lamwong-Tanz.

Die Legende vom Reiskorn

Einst lebte in den Bergen eine arme Witwe, zusammen mit ihrer 13-jährigen Tochter. Um sich und die Tochter ernähren zu können, musste die alte Frau jeden Tag zu einem entfernten Fluss laufen, um nach Wurzeln zu graben. Eines Tages jedoch verschwand die Tochter und blieb für die beunruhigte Mutter unauffindbar. Als die alte Frau später erneut zum Fluss ging, um nach Essbarem zu suchen, da hörte sie plötzlich die Stimme ihrer Tochter. Diese erzählte, sie sei für immer fort gegangen, um den Drachenkönig zu heiraten und bat die Mutter, sie bei diesem im Fluss zu besuchen. Eine Weile lebte die Mutter daraufhin bei dem Paar, jedoch begann sie recht bald, sich nach ihrem alten zu Hause zu sehnen. Da überreichte ihr der Drachenkönig als Abschiedsgeschenk etwas in Schilfrohr eingerollten Samen von einem magischen Reis. Der König versprach, die Frau würde stets im Überfluss zu essen haben, wenn sie diesen Samen einpflanze. Und so geschah es; nachdem die alte Frau den Reis angebaut hatte, wuchs eine solch reiche Ernte heran, dass sie nicht einmal in der Lage war, alles nach Hause zu tragen. So wandte sie sich erneut an den Drachenkönig. Dieser riet ihr, sie solle zu den Feldern gehen, pfeifen und dreimal in die Hände klatschen. Und als die Frau zu dem Feld ging und tat wie ihr aufgetragen, da verringerte sich die Ernte ganz von selbst, und die alte Witwe konnte alles an einem einzigen Tag zu ihrem Haus tragen.

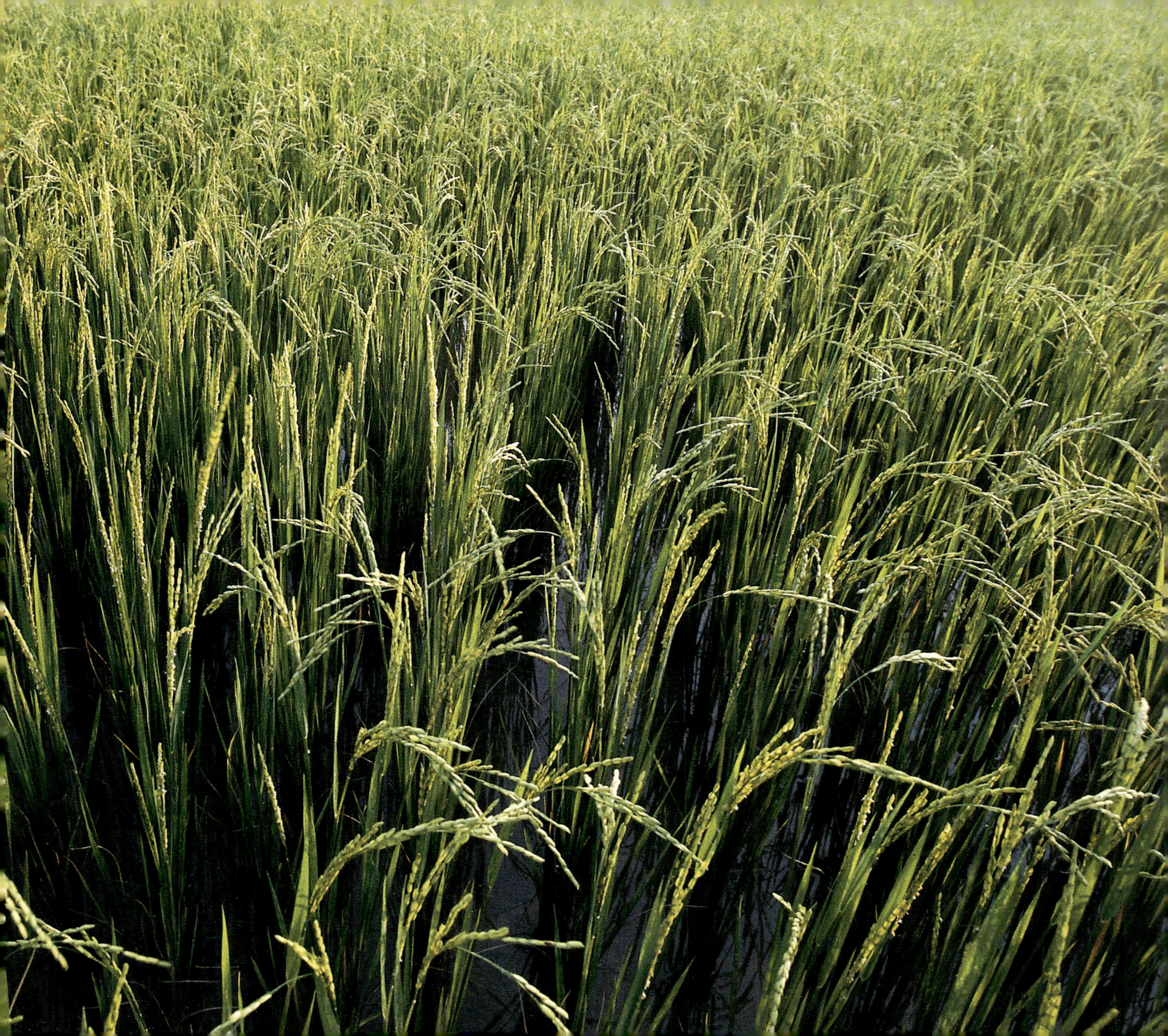

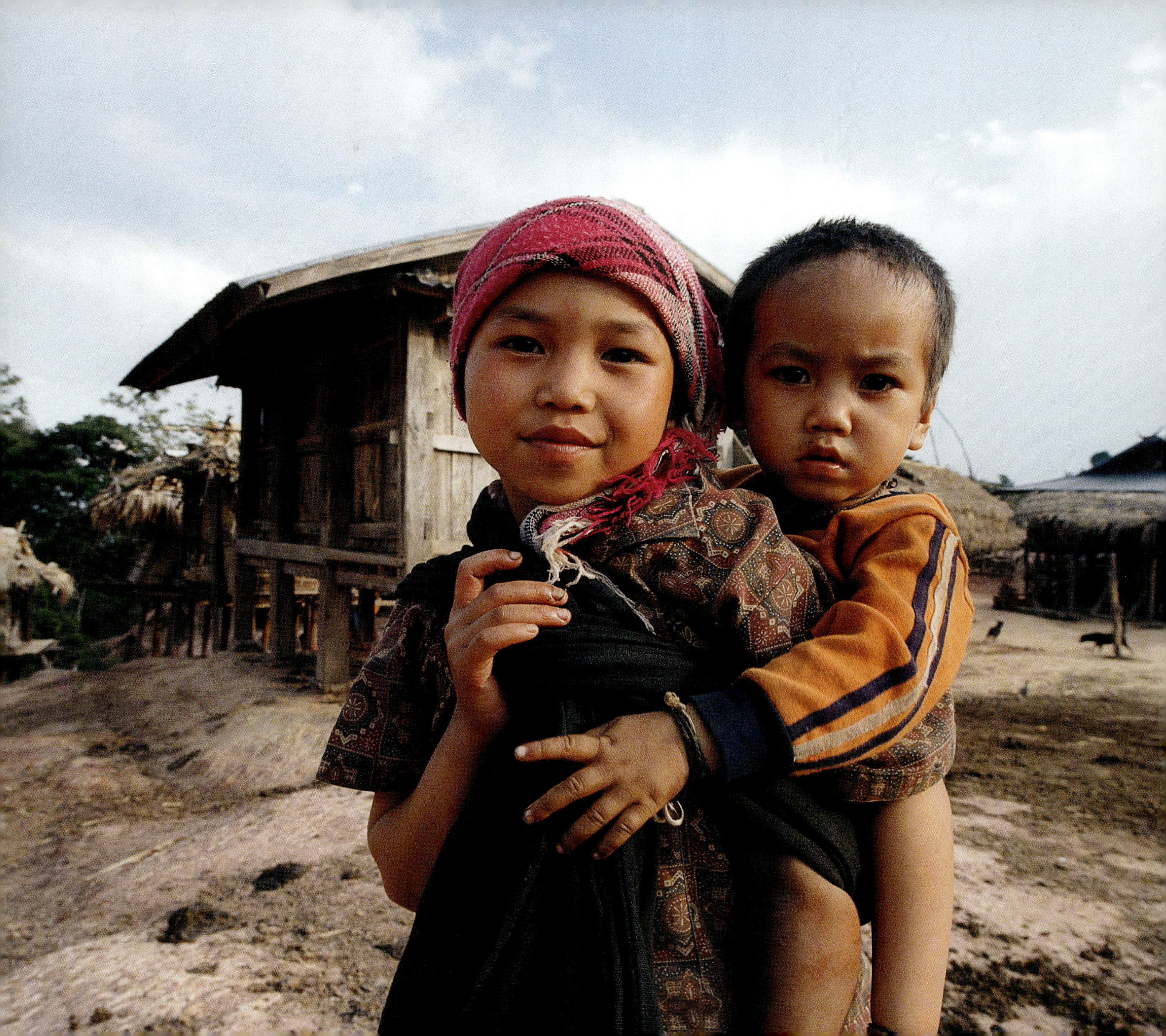

ເຜົ່າອາກາ Das Leben der Akha

Phonpet und Losa, zwei eben 19-jährige Akha-Guides, gehören zu den von der deutschen Gesellschaft für technische Zusammenarbeit (GTZ) und der Reiseagentur Exotissimo ausgebildeten Guides des Ökotourismusprojektes in Muang Sing. Beide sind mit uns unterwegs durch die Bergwelt des nördlichen Laos. Hier, nahe der Grenze zum chinesischen Yunnan und zum östlichen Nachbarn Myanmar, leben die verschiedenen Akha-Stämme weit oben in den Bergen. Es ist kein einfaches Leben rund um Muang Sing, einem der bedeutendsten Zentren der Akha in Laos, ein Leben geprägt von harter Arbeit, schlechten Böden, aber auch ein Leben geprägt von alten Traditionen und der Verbundenheit mit der Natur.

Gegenwärtig zählen die Akha über 66 000 Angehörige und bilden so eine der großen Minderheiten im sich öffnenden Laos. Sie gehören zu den schillernsten und bekanntesten Bergstämmen, sowohl in Laos als auch im benachbarten Thailand. Schon 1868 berichtete eine französische Mekong-Expedition, dass die Akha über die vielseitigsten und prächtigsten Trachten in ganz Indochina verfügen würden.

Heute tragen die jungen Männer und Frauen lieber das, was man überall auf der Welt trägt – nämlich Jeans und T-Shirt. So auch Phonpet und Losa. Denn die Jugend der Bergstämme möchte inzwischen genauso modern sein wie die in den Ebenen wohnenden Laoten. Auch sprechen Losa und Phonpet ein wenig Englisch und benutzen Mobiltelefone so selbstverständlich wie Jugendliche hierzulande. Dennoch führt sie ihr neuer Job zurück zu den eigenen Wurzeln. Vor allem viele junge Männer sind an dem Tourismusprojekt interessiert, bietet es ihnen doch die Chance auf eine Berufsausbildung und ein gutes Einkommen in ihrem späteren Job als Ökotourismus-Guide. Drei Tage dauern in der Regel die ausgearbeiteten Trecks für Reisende aus aller Welt, die hierher kommen, um das Leben der Akha kennenzulernen.

Die Akha zählen zur tibeto-burmesischen Sprachgruppe. Aus ehemals tibetischen Gebieten über das südliche China eingewandert, zeigen ihre Dörfer weit oben, zum Teil direkt auf den Gipfeln der Berge, heute einen ganz anderen Entwicklungsstand als etwa die Straßendörfer in den niedriger gelegenen Regionen. Akha leben nach wie vor mit ihrer animistischen Religion, Geisterglaube und Ahnenkult finden sich in vielen Abläufen des täglichen Lebens wieder. So ist jedes Dorf mit einem so genannten Geistertor ausgestattet, welches bösen Geistern den Zutritt verwehren soll. Auch besitzt jedes Dorf eine rituelle Schaukel, auf der zu einer Art Erntedankfest die jungen Paare, welche später heiraten werden, gemeinsam wippen.

Oben: Der Morgenmarkt in Muang Sing ist einer der schönsten Märkte im nördlichen Laos. Früh am Morgen kommen viele Zugehörige der Minoritäten und Bergstämme auf den Markt, um ihre Waren anzubieten und einzukaufen.

Mitte: Auch aus dem nur wenige Kilometer entfernten Yunnan kommen die Händler auf den Markt. Geldwechsler machen hier gute Geschäfte.

Unten: Bekannt ist der Morgenmarkt auch für seine besondere Reisnudelsuppe kao soi.

Um Muang Sing liegen auch einige Minderheitensiedlungen der Mien (Yao).

Eine kleine Attraktion im Akha-Dorf Ban Ta Mee ist der chinesische Händler, der in einer Art Tauschhandel seine Billigwaren anbietet.

Das Bergvolk der Akha besitzt keine eigene Schriftsprache, weshalb seine kulturellen und geschichtlichen Werte seit jeher in Erzähl- und Liedform überliefert worden sind. Über 10 000 Verse werden so noch heute von Generation zu Generation weitergegeben. Vorgetragen werden diese von Primas, den Geschichtenerzählern, in einer Art Versform. Einfache archaische Instrumente wie die Maultrommel oder die Flöten *Pee* und *Kain* unterstützen diese Lieder.

Wie schon die Akha-Sage vom Reis berichtet, werden Alltagsleben und Jahreszyklus vor allem vom hauptsächlich angebauten Landwirtschaftsprodukt bestimmt: dem Reis. Wunderbar beschreibt die Sage den Bezug zu diesem wichtigsten Nahrungsmittel. Jene Legende ist auch der Grund dafür, dass die Akha, um nicht die Gefahr von Missernten heraufzubeschwören, auf den Feldern niemals pfeifen oder in die Hände klatschen würden.

Vor allem Bergreis wird von den Akha in Subsistenzwirtschaft angebaut. Dieser gedeiht, wenn auch mit niedrigeren Erträgen, auf den oft extrem steilen und kargen Berghängen. Sind die Lao in den Tiefebenen vor allem Bewässerungskünstler, so verfügen die Akha über Jahrhunderte der Erfahrung im Brandrodungsanbau. Diese Anbaumethode, die lange Zeit im Gleichgewicht von Mensch und Natur angewandt wurde, ist jedoch in den letzten Jahrzehnten außer Kontrolle geraten. Immer mehr Wälder brennen besonders vor der Regenzeit, um Platz für neue Anbauflächen zu schaffen. Inzwischen arbeiten internationale Projekte und die laotische Regierung daran, andere Wege in der Landwirtschaft aufzuzeigen. So besteht etwa das Interesse, die Akha von den Berggipfeln in flachere Regionen umzusiedeln, in denen auch der Nassreisanbau möglich ist und somit wesentlich weniger Fläche für die Ernährung der Familien benötigt wird.

Sicherlich auch wegen der begrenzten Möglichkeiten, ihren Lebensunterhalt mit der Landwirtschaft zu bestreiten, bauen die Akha bis heute Mohn zur Rohopiumgewinnung an. Die Region Luang Namtha galt einst als einer der wichtigsten Drogenanbauplätze der Welt. Opium, aus Schlafmohn gewonnen, wurde von den Akha im Norden schon immer konsumiert. War die Droge üblicher-

Traditionell gingen die Akha-Frauen zur Arbeit auf die Reisfelder, die Männer zum Jagen in den Wald.

weise vor allem den Alten vorbehalten, teils auch als Medizin genutzt worden, ging der überschaubare Eigenanbau in eine wahrhafte Drogenproduktion über. Lange zählte Laos zu den größten Opiumproduzenten der Welt, in den Wirren des letzten Krieges nutzte jede Konfliktpartei – der CIA genauso wie die laotischen Guerillas – die Droge zur Finanzierung des Kampfes. Und auch wenn offizielle Aussagen der Regierung anderes verlauten lassen, spielt das einzige Binnenland Südostasiens auch heute keine unbedeutende Rolle beim Anbau des Schlafmohns. Andererseits ist die Region des so genannten Goldenen Dreiecks heute nur noch ein touristischer Anziehungspunkt, der mehr von seinem Mythos lebt.

Oben: Heute gefährdet der übermäßige Brandrodungsanbau viele Bergwälder.

Mitte: Indessen besuchen viele der Akha-Kinder ganz einfache Dorfschulen in den Bergdörfern.

Unten: Nur noch teilweise wird heute in den Abendstunden musiziert und gesungen. Die Geschichte der Akha wurde durch die Prima, den Geschichtenerzählern, nur in mündlicher Versform weitergereicht.

Die Pfahlbauten der Akha sollen das Gebäude vor allem während der Regenzeit vor Feuchtigkeit schützen. Außerdem entsteht so ein schattiger Lagerplatz für Werkzeuge und Platz für die Tiere.

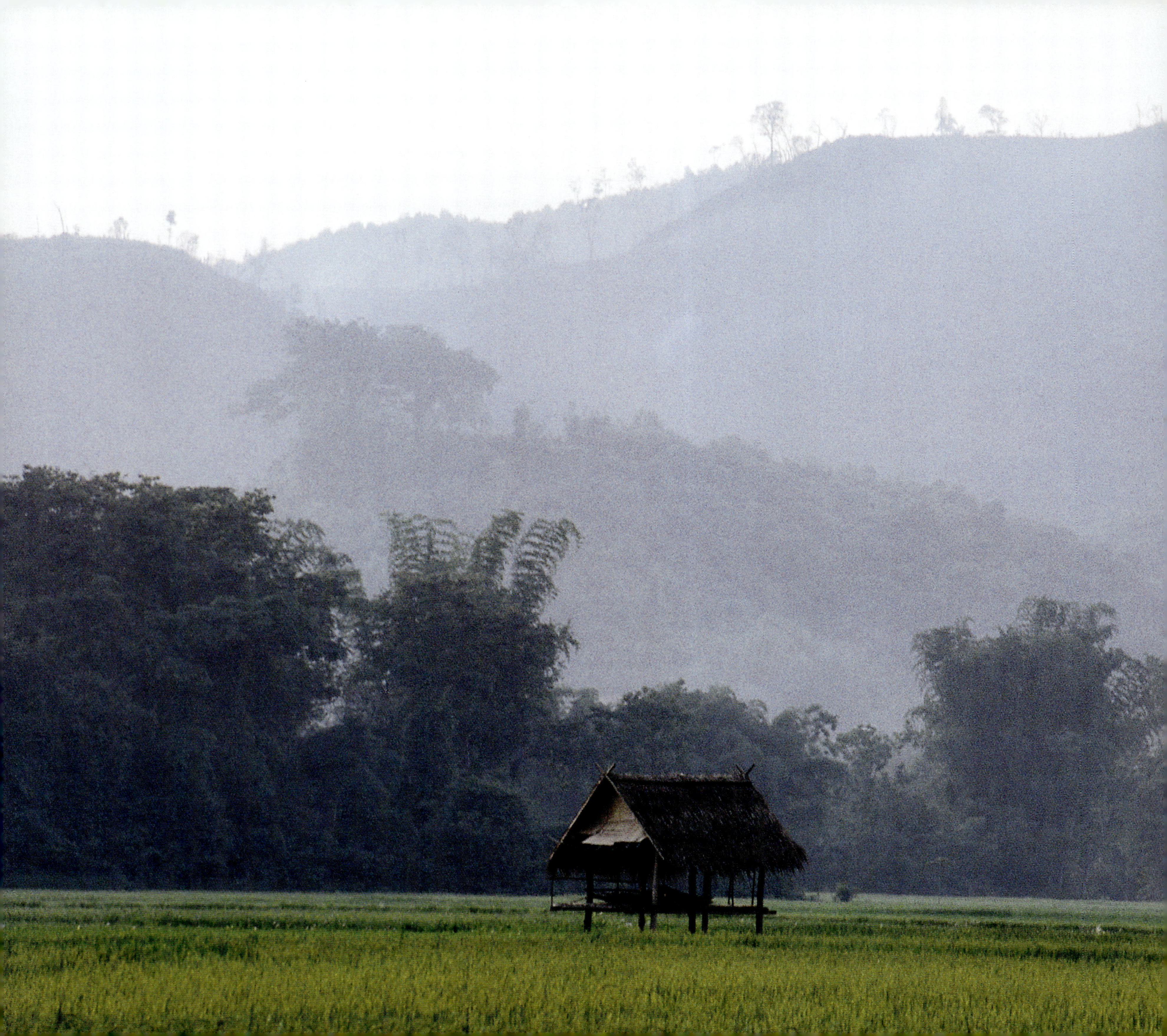

Traditionell bauten die Akha auf den brandgerodeten Gebirgshängen vor allem den arbeitsintensiven und ertragsarmen Bergreis an. Durch Umsiedlungen in tiefere Gebiete werden heute auch die Reisfelder für den Nassreisanbau genutzt.

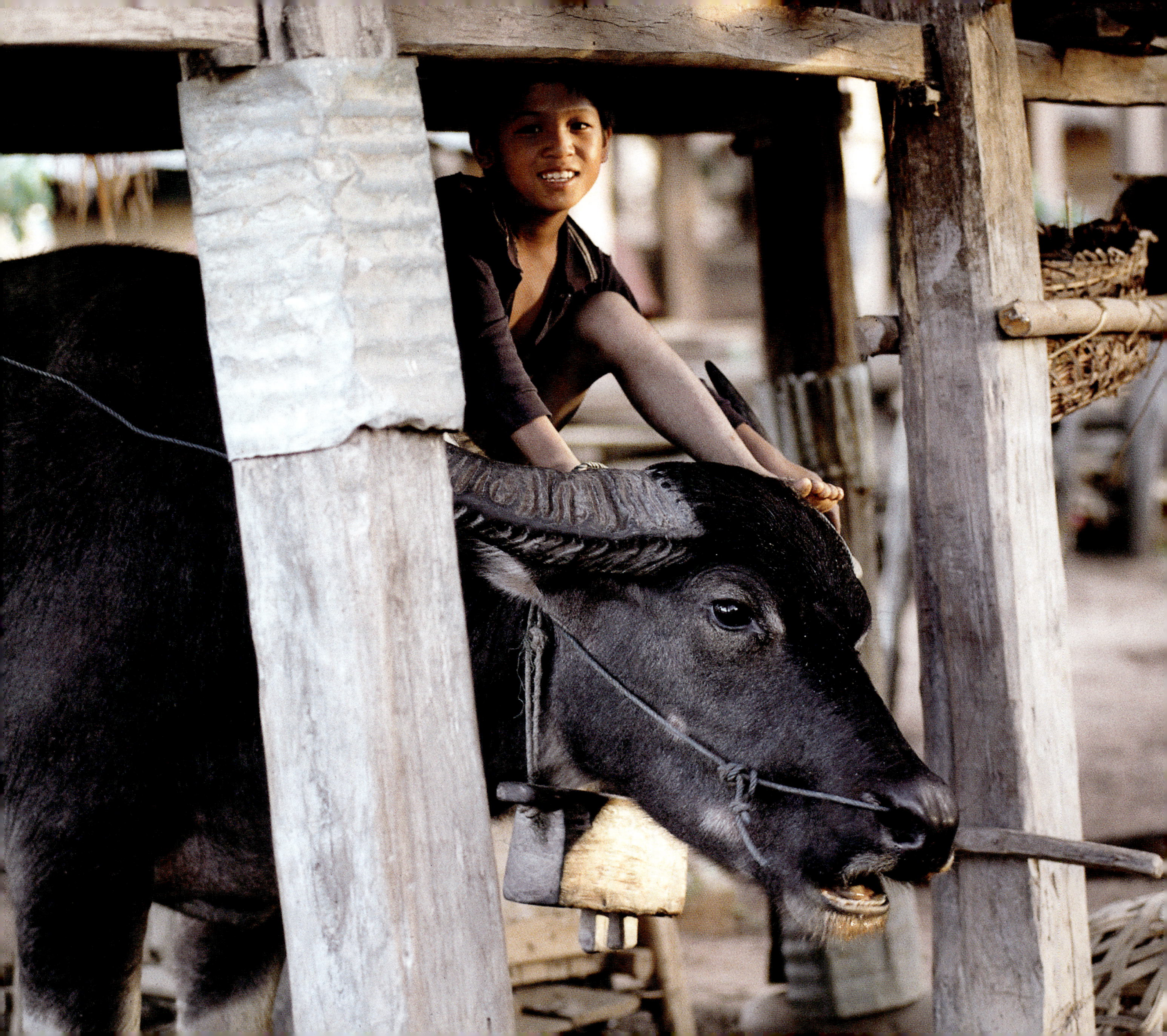

Der Wasserbüffel ist in Laos das wichtigste Nutztier. Gebraucht wird er für die Feldarbeit, als Transporttier und als Fleischlieferant. Außerdem bietet er den Kindern eine willkommene Abwechslung. Denn wenn die Wasserbüffel am Abend vom Feld kommen, dienen sie diesen noch als dankbare Spielgefährten.

Die rituelle Schaukel wird in den Akha-Dörfern meist am höchsten Punkt der Siedlung aufgebaut. Die Schaukelzeremonie, die zwischen dem 120. und 130. Tag nach der Reisaussaat gefeiert wird, ist ein wichtiger Bestandteil des Lebens.

Einfache archaische Instrumente werden heute vor allem nur noch von der älteren Generation der Akha gespielt.

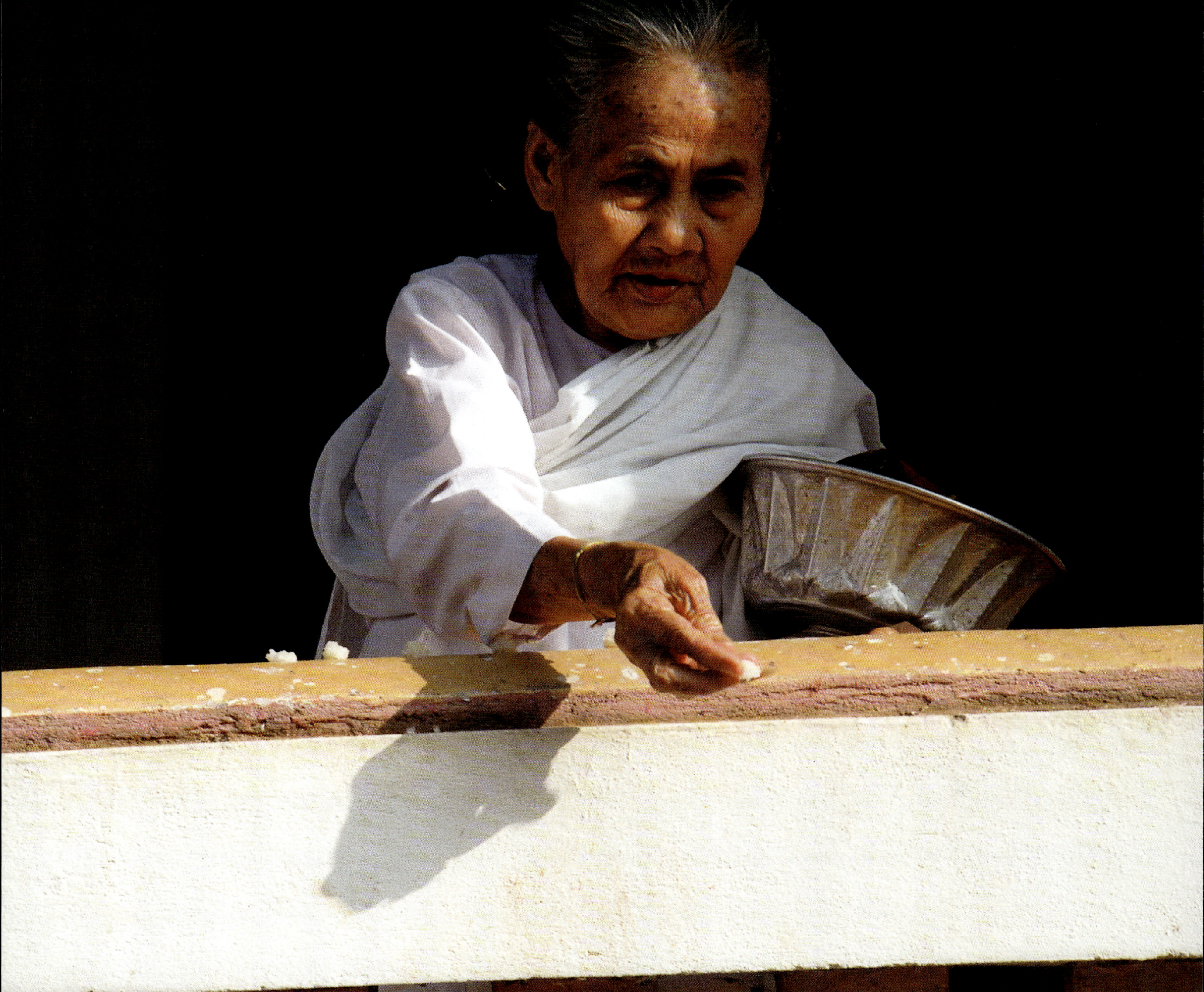

ຈຳປາສັກ

Südlaos – Buddhaverehrung im Tempel Shivas

Schmal erstreckt sich der Süden des Landes den Mekong entlang in Richtung Kambodscha. Spätestens hier, wo die Anamitische Kordillere – ein Gebirgszug, der im Osten die Grenze zu Vietnam bildet – das Hereinbrechen der im südchinesischen Meer entstehenden Taifune über Laos verhindert, wird die Mutter aller Wasser zur dominierenden Kraft. Der Mekong fließt hier breiter und behäbiger als im Norden, doch obwohl große Teile schiffbar sind, stellen die neuen schnelleren Straßen direkt neben dem Fluss heute den effektiveren Transportweg dar, und so hat der Mekong seine Bedeutung in dieser Hinsicht mehr und mehr verloren.

Der Süden des Landes gibt sich moderner als die Nordprovinzen. Ein Grund dafür ist sicherlich der allgegenwärtige Nachbar Thailand. So sind seit der wirtschaftlichen Öffnung des Landes viele thailändische Geschäftsleute in das laotische Wirtschaftsleben eingebunden. Aber auch die Grenze zu Vietnam ist nur wenige Kilometer entfernt. Am Ufer des Mekong liegen einige der größten Städte des Landes wie Thaket, Savannakhet oder Pakxe. Fischzucht und Agrarwirtschaft sind hier die vorherrschenden Einnahmequellen, während auf dem Bolavenplateau vor allem in den letzten Jahrzehnten der Kaffeeanbau wieder intensiviert wurde. Ein Kreditprogramm der Weltbank machte dies möglich. Die hier unter idealen Voraussetzungen angebauten Kaffeepflanzen liefern nicht nur die Grundlage des einheimischen Kaffees, den es an nahezu jeder Garküche und jeder Busstation zu kaufen gibt, auch wird Kaffee aus Laos heute in viele Teile der Welt exportiert und macht inzwischen über 30 Prozent der Exporterlöse des Landes aus. Allein in den letzten zwei Jahrzehnten stieg der Kaffeeertrag um mehr als 500 Prozent.

Im Theravada-Buddhismus findet seit 1500 Jahre keine Nonnenordination mehr statt. Auch wenn es heute keine Nonnenklöster in Laos gibt, haben buddhistische Nonnen in den größeren Klöstern die Möglichkeit zur Meditation.

Buddhabildnisse stehen heute im ehemaligen hinduistischen Heiligtum Vat Phou am Tempelberg Phou Kao.

Lotusblüten und Räucherstäbchen werden in den Heiligtümern, hier im That Ing Hang bei Savannakhet, hinterlassen.

Während der französischen Kolonialzeit wurde Savannakhet zum Verwaltungszentrum. Bis heute zeigt sich dies in der Architektur der Stadt.

Oben: Eine alte französische Kolonialfassade in Savannakhet

Mitte: Die christliche Missionskirche von Pakxe

Unten: Kleines Vat auf dem für Kaffeeanbau bekannten Bolaven-Plateau

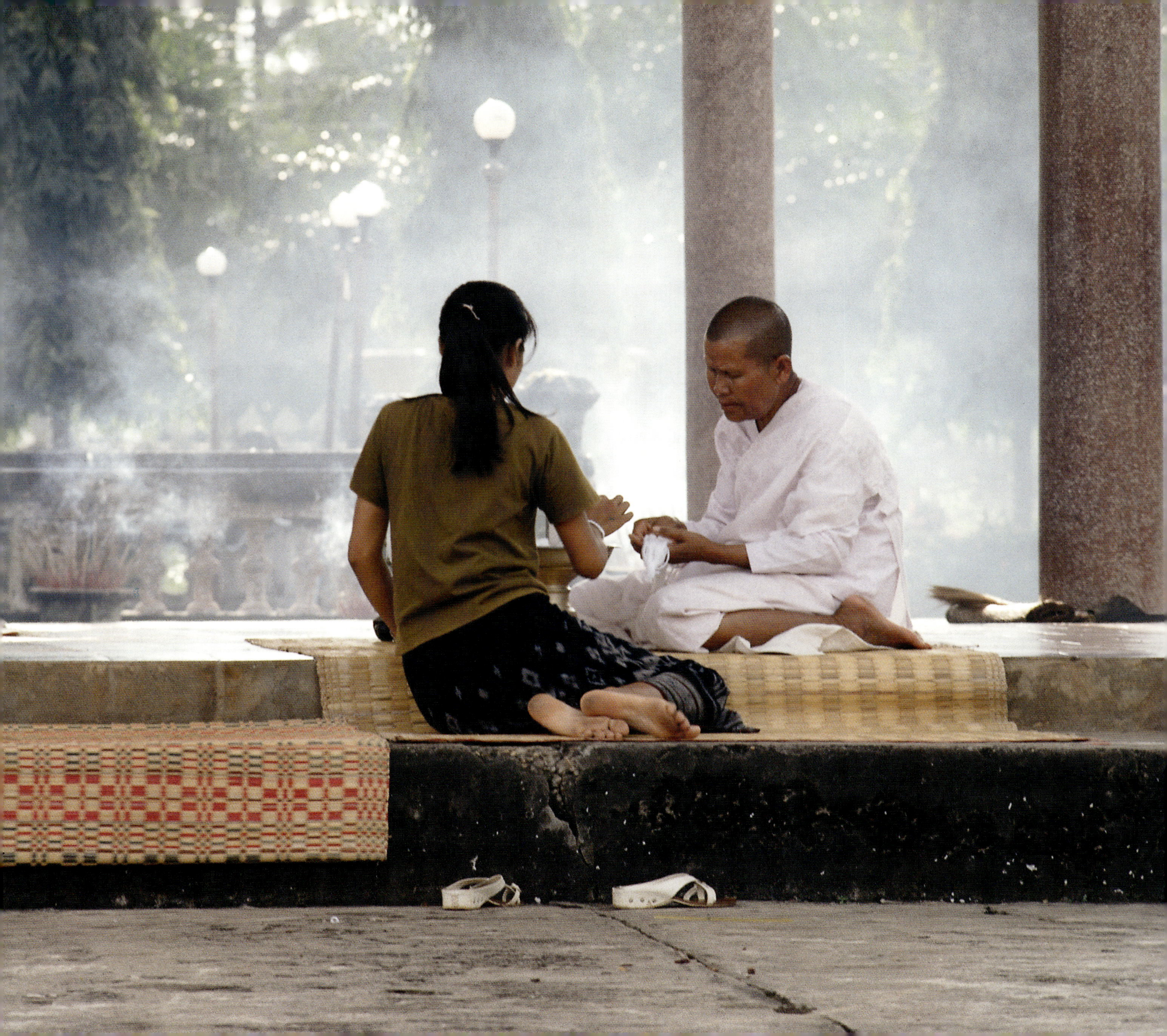

Nachdem auch in Südlaos neue Grenzübergänge nach Thailand eröffnet und zwei neue Brücken über den Mekong geschlagen wurden, steigt das Handelsaufkommen mit dem Nachbarland stetig an. Die Touristenströme, welche etwa Luang Prabang im Norden verzeichnet, sind in Südlaos dagegen kaum zu beobachten. Für viele Reisende gibt es nur im südlichsten Teil des Landes Anziehungspunkte. Einer davon ist Si Phan Don, die Gegend der Viertausend Inseln, ein faszinierendes Gebiet, in welchem das Wasser des Mekong unzählige Inseln umspült. Nur ein Blick aus dem Flugzeug lässt die Dimensionen dieses Naturschauspiels erahnen. Bereits unter der Kolonialherrschaft der Franzosen hatte man den besonderen Reiz, aber auch die geografische Bedeutung der mitunter winzigen Eilande im Mekong erkannt. Im 19. Jahrhundert wurde etwa eine kleine Eisenbahnlinie zwischen den Inseln Don Khon und Don Det angelegt, auf der Waren und Passagiere den großen Mekongwasserfall umgehen sollten. Das einzige Eisenbahnprojekt scheiterte jedoch in den 1940er Jahren nach Luftangriffen der Japaner. Bis heute bleibt Laos ein Land ohne funktionierende Eisenbahnlinie, lediglich eine alte verrostete Lokomotive und eine kleine Betonbrücke erinnern an die geplante Transportverbindung.

Etwa 70 000 Menschen leben in der Inselwelt von Si Phan Don. Hauptsächlich betreiben sie Fischfang, aber auch der Tourismus wird langsam zu einer wachsenden Einnahmequelle. Reisende zieht vor allem die Ruhe und Gelassenheit des Insellebens an, ebenso der Reichtum der Natur. So unterstreicht etwa der Anblick jener seltenen Irrawaddy-Delphine, die hier gesichtet werden können, die Artenvielfalt dieser Region. Wenige Kilometer südlich der Inseln Don Khon und Don Det stürzt dann der Mekong etwa fünfzehn Meter in die Tiefe. Unglaubliche 9,5 Millionen Liter Wasser rauschen hier pro Sekunde die Kaskaden hinab. Es ist diese Masse an Wasser, nicht etwa die Höhe der Kaskaden, welche den Mekongfall Khon Phapheng zum größten in Südostasien macht – hier beeindrucken vor allem Wucht und Kraft des Wassers.

Etwas weiter im Norden bei Champasak, wo sich einst die bedeutenden Handelsstraßen nach Bangkok und Phnom Phen kreuzten, befindet sich die zum UNESCO-Weltkulturerbe zählende Tempelanlage Vat Phou. Sie gehört zu den frühesten sakra-

Die Stupa, That Ing Hang bei Savannakhet, ist eine der bedeutenden Pilgerstätten des Landes. Der Legende nach wird der Bau der Stupa mit dem Besuch Buddhas in Verbindung gebracht.

Die Tempelanlage Vat Phou ist heute die zweite UNESCO-Weltkulturerbestätte in Laos. Sie liegt am Berg Phou Kao, dessen Felsengipfel als Shivalingam verehrt wurde.

len Anlagen der Khmer außerhalb Kambodschas. Die Entstehung des ursprünglich hinduistischen Heiligtums wird auf das 6. Jahrhundert datiert, womit es auch dem heute kambodschanischen Angkor zeitlich vorausgeht. Experten der UNESCO gehen davon aus, dass es sich bei Vat Phou wahrscheinlich um die verschollene Stadt Shrestrapura, die erste Hauptstadt des Reiches Zhenla, handelt. Uneins ist man sich jedoch bis heute, ob nicht sogar schon 500 Jahre früher, im Machtbereich der Cham, eine religiöse Stätte an diesem Ort errichtet worden war. Vat Phou befindet sich am Fuß des 1200 Meter hohen Tempelberges Phou Kao, der mit seinem 60 Meter hohen Gipfelfelsen einstmals als Phallussymbol des Gottes Shiva verehrt wurde –

schon von weitem weist das Lingam den Weg hierher. Erst seitdem der laotische Reichsgründer Fa Ngum im 14. Jahrhundert zahlreiche buddhistische Gelehrte ins Land gerufen hatte, wird in der hinduistischen Tempelanlage mit Buddha eine andere Gottheit verehrt. Doch stammen die meisten der nur mehr lückenhaft erhaltenen Sakralbauten noch aus dem 11. bis 13. Jahrhundert, einer Zeit, in der sogar eine Straße Vat Phou mit dem Hunderte Kilometer entfernten Angkor Wat verband. In drei Ebenen erstreckt sich der Tempel an der Ostseite des Phou Kao. Rechts und links einer Prozessionsstraße finden sich die für Khmer-Tempel typischen Wasserbecken und Paläste. Über eine Steintreppe gelangt man auf die zweite Ebene, wo sich noch heute Reste des einstigen Portals und die Statue des Gründers der Anlage befinden. Eine weitere steile Treppe führt schließlich hinauf zum Hauptheiligtum auf der dritten Ebene, einem Tempel, in welchem verschiedene Buddhafiguren thronen. Hinter diesem sprudelt eine heilige Quelle, welche direkt mit dem Gipfel des Berges verbunden sein soll. Von hier oben breitet sich die Tempelanlage dem Besucher zu Füßen aus und bei gutem Wetter kann man einen herrlichen Blick weit über den Mekong hinaus genießen.

Bis heute hat sich Vat Phou seinen persönlichen Charme erhalten. Auch wenn inzwischen ein neuer Museumsbau am Tor zur Anlage entstand und der Tempelberg fester Bestandteil in vielen Programmen internationaler Reiseanbieter ist, besitzt die Tempelanlage nahe der kleinen Stadt Champasak nach wie vor eine bemerkenswerte Authentizität.

Über drei Ebenen zieht sich die Tempelanlage, die im vorangkorianischen Stil erbaut wurde, in den Berghang hinauf. Auf der unteren Ebene befinden sich die Paläste und die Wasserbecken.

Das zentrale Heiligtum, heute mit vielen Buddhafiguren ausgestattet, befindet sich auf der obersten der drei Ebenen.

Einer der Paläste der unteren Ebene der Vat Phou Tempelanlage

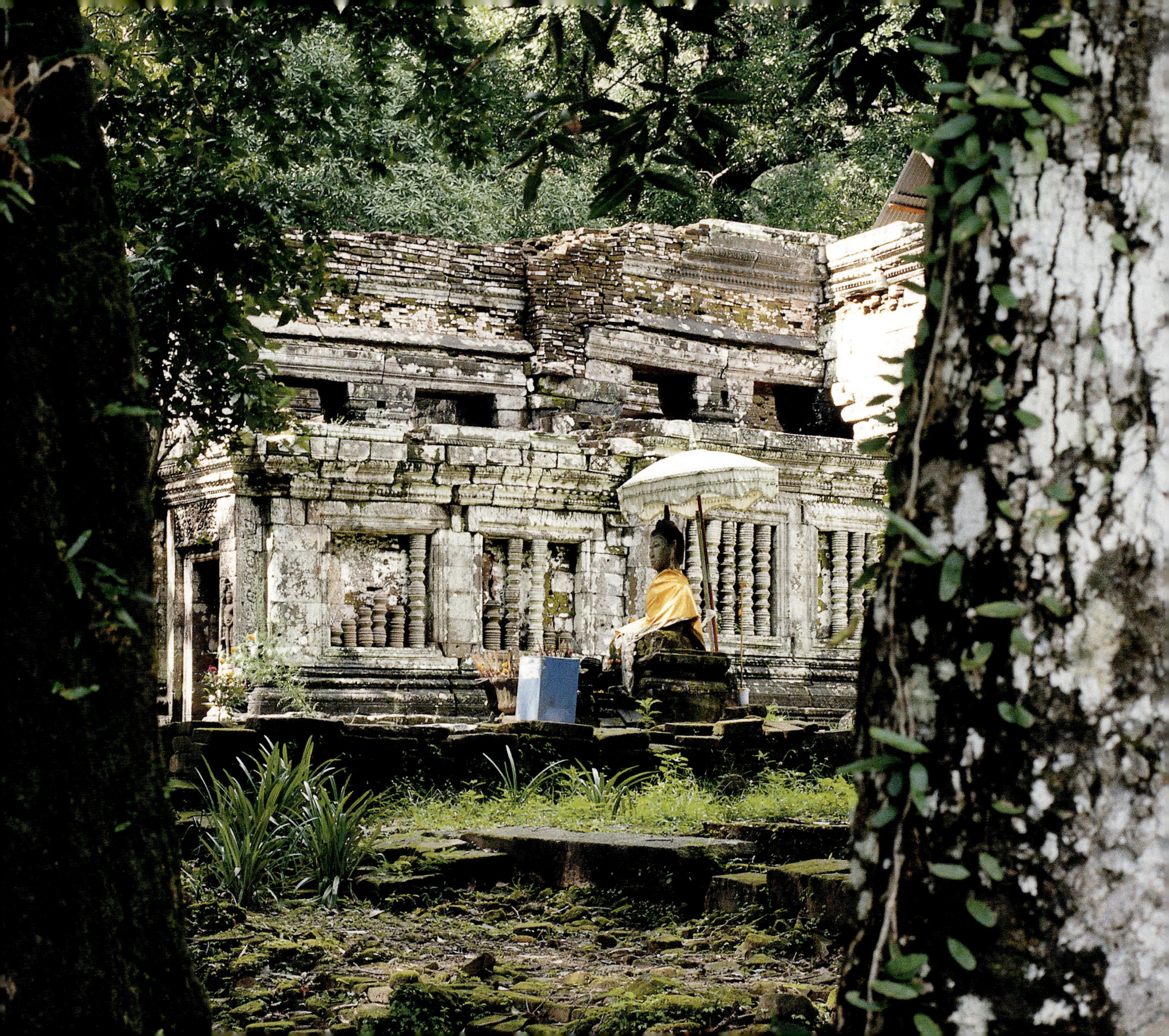

Das Hauptheiligtum, ursprünglich Shiva geweiht, verfügt über drei Portale in die Himmelsrichtungen Osten, Norden und Süden. Während der hinduistischen Nutzung soll sich im Inneren ein Lingam befunden haben, der mit dem Wasser der nahe gelegenen Quelle permanent übergossen worden sein soll. Opferspenden werden von vielen Pilgern in der einmaligen Tempelanlage in der Nähe Champasaks hinterlassen.

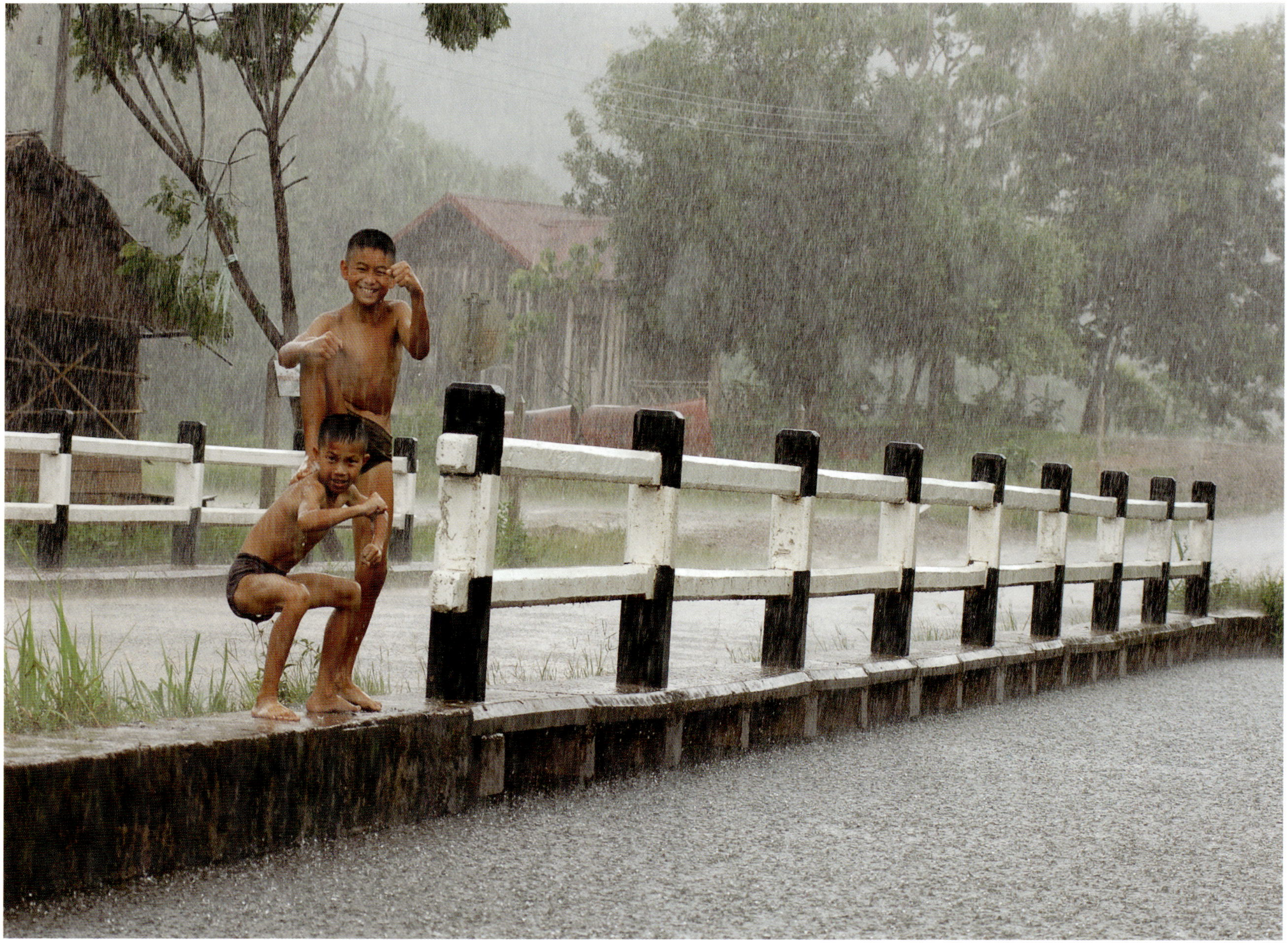

ຂອບໃຈຫຼາຍໆ

Danksagung

Ein herzlicher Dank gilt allen, die mich bei meiner Arbeit für diesen Band in Laos und Deutschland unterstützt haben. Besonderer Dank gilt hier Eiline für die vielen Gespräche, in denen sie mir das Land näher brachte. Dank gilt den vielen Laoten, die uns unterwegs ihre Gastfreundschaft spüren ließen, in vielen Situationen weiterhalfen und unsere oft unwissenden Fragen beantworteten. Dank gilt Nirath für die langen Gespräche irgendwo am Mekong.

Herzlichen Dank auch an Christoph Schleidt von der Firma Ortlieb, die mich seit Jahren mit ihrem wasser- und vor allem staubdichten Foto- und Reiseequipment ausstatten, Marko, der mir als Assistent zur Seite stand und Stefan, mit dem ich in Nordlaos auf der Suche nach laotischer Musik und Instrumenten unterwegs war und der für mich neue Aspekte in die Arbeit brachte, und natürlich Petra, die mich zu Hause und in Laos beim Schreiben und Überarbeiten unterstützt hat. Allen zusammen, auch den nicht Genannten mein herzlichstes Dankeschön ... Kopchai lai lai!!!

Zum Autor: Olaf Schubert, geboren 1974 in Zwickau, lebt als freier Fotojournalist und Buchautor in Dresden, reist und arbeitet seit mehreren Jahren in Asien. Schwerpunkt seiner fotografischen Arbeit sind Tibet, die Mongolei, Laos und Kambodscha. Seine Veröffentlichungen sind in mehreren Sprachen erschienen.

Nach seinem Diplom zum Thema »Identität im kulturellen Kontext am Beispiel Tibets« schreibt und fotografiert Olaf Schubert für Bücher, Kalender und Journale. Außerdem zeigt er seine hintergründigen Diareportagen seit vielen Jahren im deutschsprachigen Raum.

Weitere Informationen zu den Projekten von Olaf Schubert finden Sie unter www.olafschubert.de.

Außerdem im Kahl-Verlag erschienen:

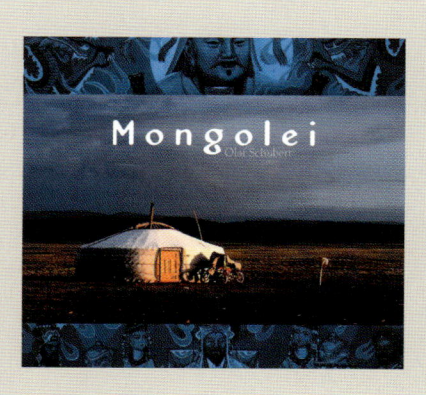

Olaf Schubert
Mongolei
ISBN13 978-3-938916-00-1

Die Mongolei, ein Land mit überwältigender Natur, ein Land zwischen Tradition und Fortschritt. In außergewöhnlichen Fotografien fängt dieser Bildband die Faszination seiner Menschen, Kultur und Landschaften ein. Das liebevolle und tiefgründige Portrait eines einmaligen Landes.

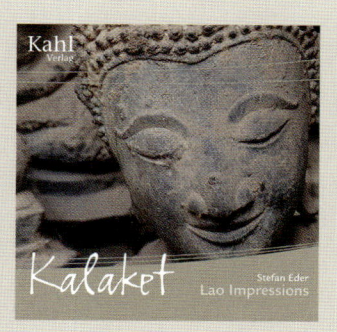

Kalaket – Lao Impressions
Stefan Eder
Musik-CD
ISBN13 978-3-938916-06-3

Ein Klangerlebnis inspiriert von Kloster- und Volksmusik aus Laos. Stefan Eder bringt mit seiner chinesischen Wölbbrettzither Gu Zheng die Seele zum vibrieren und nimmt den Zuhörer mit in die vielseitige Sinneswelt Asiens.

LAOS

CHINA

MYANMAR

VIETNAM

THAILAND

KAMBODSCHA

- Phongsali
- Muang Sing
- Boten
- Muang Khoua
- Xieng Kok
- Luang Namtha
- Nong Khiao
- *Goldenes Dreieck*
- Houay Xai
- *Pak Ou Höhlen*
- Luang Prabang
- Phonsavan
- *Ebene der Tonkrüge*
- Vang Vieng
- *Nam Ngum See*
- **VIENTIANE**
- Lak Xao
- Thakhek
- Savannakhet
- Pakxe
- *Wat Phou* — *Bolaven Plateau*
- Champassak
- Attapeu
- Khong
- Khong Phapheng
- *Mekong Fälle*

Mekong, *Ou*

© Gecko Maps

Kahl Verlag im Internet: www.kahl-verlag.de
Wir senden Ihnen gern unseren Gesamtprospekt zu.

Bibliografische Informationen
der Deutschen Bibliothek

Die Deutsche Bibliothek verzeichnet diese Publikation
in der deutschen Nationalbibliografie; detaillierte
bibliografische Daten sind im Internet über
http://dnb.ddb.de abrufbar.

1. Auflage, Oktober 2006

Copyright © Kahl Verlag, Dresden 2006
Alle Rechte vorbehalten

Quellenhinweis: Seite 94: Paul Lewis, Elaine Lewis: Peoples of the Golden Triangle, 1984

Fotos und Text: Olaf Schubert
Lektorat: Petra Kahl, Daniel Jacob
Layout und Satz: Gunhild Röth, www.werkgrafik.de
Kartografie: Gecko Maps, Arne Rohweder, www.geckomaps.com
Lithografie: Förster&Borries, Zwickau
Druck: PrinterTrento, Italien

ISBN13 978-3-938916-05-6